NA SOMBRA DO HOLOCAUSTO

GENOCÍDIO EM GAZA

NA SOMBRA DO HOLOCAUSTO

GENOCÍDIO EM GAZA

CONTRABANDO EDITORIAL

ASSOCIAÇÃO DE
AMPARO AOS
PRESOS POLÍTICOS
PALESTINOS

Prefácio 9
Na sombra do Holocausto
Masha Gessen

I

1. Violações sistemáticas de Direitos 37
Humanos na Palestina Pós-7 de outubro
de 2023
Associação de Amparo aos Presos Políticos
Palestinos (Addameer - الضمير)

1.1	Prisões em massa depois do 7 de Outubro	39
1.2	Violências, covardias e crueldades	42
1.3	Uso excessivo de força	43
1.4	Mortes durante detenções forçadas	44
1.5	Agitação online da extrema-direita para detenções de figuras públicas	45
1.6	Regime de confinamento na prisão	46
1.7	Política da fome	48
1.8	Ataques dentro das celas	49
1.9	Negligência médica deliberada	51
1.10	Isolamento forçado e desaparecimentos	56
1.11	Execuções públicas de presos	58
1.12	Violência de gênero, abuso e assédio sexual	63
1.13	Violência contra crianças	65
1.14	Detenções administrativas	69
1.15	Lei de Emergência e manobras legais	71

2. Layan Kayed: "Nós que estamos presas escapamos todos os dias"
Entrevista por Shareen Akram-Boshar e Brian Bean

77

3. Liberdade a Islam Hamad, Brasileiro-Palestino preso por Israel
Soraya Misleh

95

II

4. A catástrofe iminente e a urgência em detê-la
Gilbert Achcar

105

5. Mudanças paradigmáticas na guerra de cem anos contra a Palestina?
Rashid Khalidi

113

6. Por que a classe trabalhadora israelense não é uma aliada
Daphna Thier

123

7. Raça, Palestina e Direito Internacional
Noura Erakat, Darryl Li e John Reynolds

153

8. A solução Sinai
Lina Attalah

165

9. Fábrica de assassinatos em massa: Inteligência Artificial e a destruição industrializada de Gaza
Yuval Abraham

179

10. A violência de Israel jamais trará "segurança" às pessoas, incluindo os judeus
Sarah Lazare

205

Se devo morrer
Deves viver
Para contar minha história
Para vender minhas coisas
Para comprar um pedaço de tecido
E algumas cordas,
(que seja branca com uma longa cauda)
Para que uma criança, em algum lugar de Gaza
Ao olhar nos olhos do céu
Enquanto espera um de seus pais que partiu em uma labareda –
E não se despediu de ninguém
Nem mesmo da própria carne,
Nem mesmo de si mesmo –
Veja a pipa, a pipa que você me fez, voando lá no alto
E pense por um instante que ali esteja um anjo
Trazendo de volta o amor.
Se eu devo morrer
Que inspire esperança
Que seja uma história

Refaat al-Areer (1979-2023)

Prefácio
Na Sombra do Holocausto

Masha Gessen[1]

---

1 Publicado na revista New Yorker, "On the shadow of the Holocaust" dia 9 de dezembro de 2023. Traduzido por Aldo Cordeiro Sauda.

Berlim nunca esquece de lembrar a você sobre o que ocorreu ali. Vários museus examinam o totalitarismo e o Holocausto; o Memorial aos Judeus Assassinados da Europa ocupa um quarteirão inteiro da cidade. De certa forma, porém, essas estruturas maiores são menos relevantes. Os memoriais que te pegam desprevenido - o monumento aos livros queimados, que está literalmente no subterrâneo, e os milhares de *Stolpersteine*, ou "pedras de tropeço", embutidas nas calçadas para recordar indivíduos judeus, sinti, ciganos, homossexuais, portadores de doenças mentais e outros assassinados pelos nazistas - revela a abrangência dos males já cometidos neste local. No início de novembro, quando estava a caminho da casa de um amigo, deparei-me com a placa de informações que marca o ponto do bunker de Hitler. Havia passado por lá muitas vezes antes. Parece um quadro de avisos do bairro, mas conta a história dos últimos dias do Führer.

No final da década de noventa e início dos anos dois mil, quando foram concebidos e instalados inúmeros desses memoriais, eu visitava Berlim com frequência. Era emocionante assistir ao culto da memória ganhando corpo. Aqui estava um país, ou pelo menos uma cidade, fazendo o que a maioria das culturas não conseguem: olhar para seus próprios crimes, seu pior eu. Mas, em algum momento, o empenho começou a parecer estático, envidraçado, como se fosse um esforço não só para lembrar a história, mas também para garantir que apenas esta versão específica fosse lembrada - e somente dessa maneira. Isso é verdade no sentido físico, visual. Muitos deles usam vidro: o Reichstag, um prédio quase destruído durante a era nazista e reconstruído meio século depois, agora é coroado por uma cúpula de vidro; o memorial

Na Sombra do Holocausto

dos livros queimados subsiste sob vidro; divisórias e painéis envidraçados organizam a impressionante, antes caótica coleção chamada "Topografia do Terror". Como me disse Candice Breitz, uma artista judia sul-africana, que mora em Berlim: "As boas intenções que entraram em jogo nos anos oitenta muito frequentemente se solidificaram em dogma".

Entre os poucos espaços, onde a representação da memória não é definida em uma aparente permanência, estão algumas das galerias no novo prédio do Museu Judaico, concluído em 1999. Quando o visitei, no início de novembro, uma ala no térreo mostrava uma instalação de vídeo intitulada "Ensaio do Espetáculo dos Espectros". Ele era ambientado no Kibbutz Be'eri, a comunidade onde, em 7 de outubro, mais de noventa pessoas foram mortas pelo Hamas - quase uma, em cada dez habitantes - durante seu ataque a Israel, que acabou ceifando a vida de mais de mil moradores. No filme, os residentes de Be'eri revezam-se, recitando as linhas de um verso de um dos membros da comunidade, o poeta Anadad Eldan: "... do pântano entre as costelas / ela, que tinha submergido em você surgiu / e você é constrangido a não gritar / caçando as formas que correm do lado de fora". A gravação dos artistas israelenses residentes em Berlim Nir Evron e Omer Krieger, foi concluído há nove anos. Abre com uma vista aérea da região, a Faixa de Gaza visível. Depois aproxima-se, sem pressa, das casas do kibbutz, algumas das quais pareciam bunkers. Não tenho certeza o que os artistas e o poeta queriam de início transmitir; agora, a instalação parecia um trabalho de luto por Be'eri. (Eldan, que tem quase cem anos, sobreviveu ao ataque do Hamas.)

No corredor via-se um dos espaços que o arquiteto Daniel Libeskind, autor do projeto do museu, chamou de "vazios" - eixos de ar que atravessam o prédio, simbolizando a ausência de judeus na Alemanha ao longo das gerações. Lá, uma instalação do artista israelense Menashe Kadishman, intitulada "Folhas Caídas", consiste em mais de dez mil conjuntos de ferro com olhos e bocas recortadas nelas, como moldes de desenhos de crianças gritando.

Prefácio

Quando você pisa sobre os rostos, eles batem, com o barulho de correntes, ou como a alça de um rifle. Kadishman dedicou o trabalho às vítimas do Holocausto e a outros inocentes da guerra e da violência. Não sei o que ele, que morreu em 2015, teria dito sobre o conflito atual. Mas, depois de passar do vídeo assombroso do Kibbutz Be'eri para os rostos de ferro tilintando, pensei nos milhares de palestinos de Gaza exterminados, em retaliação aos judeus mortos pelo Hamas. Então refleti que, se declarasse isso em público na Alemanha, poderia ter problemas.

*

A 9 de novembro, para marcar o octogésimo quinto aniversário do *Kristallnacht*, uma Estrela de Davi, sob a frase *"Nie Wieder Ist Jetzt!"* - "Nunca Mais É Agora!" – foi projetada em azul e branco no Portão de Brandemburgo, em Berlim. Naquele dia, o *Bundestag* analisava uma proposta intitulada "Cumprindo a Responsabilidade Histórica: Protegendo a Vida Judaica na Alemanha", que continha mais de cinquenta medidas destinadas a combater o antissemitismo no país, incluindo deportar imigrantes que cometem esse tipo de crime; intensificar as atividades dirigidas contra o movimento de Boicote, Desinvestimento e Sanções (B.D.S.); apoiar artistas judeus "cujo trabalho é crítico ao antissemitismo"; implementar uma definição particular de antissemitismo em decisões de financiamento e policiamento; e fortalecer a cooperação entre as forças armadas alemãs e israelenses. Em declarações anteriores, o vice-chanceler alemão, Robert Habeck, membro do Partido Verde, disse que os muçulmanos na Alemanha deveriam "se distanciar de forma explícita do antissemitismo, para não minarem seu próprio direito à tolerância".

Não é de hoje que a Alemanha regula as formas como o Holocausto é lembrado e discutido. Em 2008, quando a então chanceler Angela Merkel discursou perante o Knesset, no sexagésimo aniversário da fundação do Estado de Israel, ela enfatizou a responsabilidade especial do país, não apenas em preservar a memória do Holocausto como uma atrocidade histórica única, mas também pela segurança de Israel. Isso, ela afirmou, fazia parte da *Staatsräson* da Alemanha - a razão de ser do Estado. Esse sentimento parece repetir-se, ali, sempre que o tema de Israel, judeus ou antissemitismo surge, incluindo nas observações de Habeck. "A frase 'a segurança de Israel integra a *Staatsräson* da Alemanha' nunca foi um enunciado vazio", disse ele. "E jamais será."

Ao mesmo tempo, ocorreu um debate obscuro, mas com desdobramentos bizarros, sobre o significado de antissemitismo. Em 2016, a Aliança Internacional para a Memória do Holocausto (I.H.R.A.), uma organização intergovernamental, adotou a seguinte definição: "Antissemitismo é uma certa percepção dos judeus, que pode ser expressa como ódio a eles. Manifestações retóricas e físicas de antissemitismo são direcionadas a indivíduos judeus ou não judeus e/ou suas propriedades, a instituições da comunidade judaica e instalações religiosas judaicas." Esta acepção foi acompanhada por onze exemplos, que começavam com o óbvio - pedir ou justificar o assassinato de judeus - mas também incluíam "afirmar que a existência do Estado de Israel é um empreendimento racista" e "comparar a política israelense contemporânea à dos nazistas."

Este conceito não tinha força legal, mas exerceu uma influência extraordinária. Vinte e cinco membros da União Europeia e o Departamento de Estado dos Estados Unidos endossaram ou adotaram os termos da I.H.R.A. Em 2019, o presidente Donald Trump assinou um ato executivo prevendo a retenção de fundos federais das universidades em que os alunos não são protegidos contra o antissemitismo, conforme definido pela I.H.R.A. Em 5 de dezembro deste ano, a Câmara dos Deputados dos Estados Unidos aprovou uma resolução declaratória, condenando o antissemitismo conforme definido pela I.H.R.A.; ela foi proposta por dois deputados republicanos judeus e foi contestada por vários democratas judeus importantes, incluindo Jerry Nadler, de Nova York.

Em 2020, um grupo de acadêmicos propôs uma definição alternativa de antissemitismo, a *Declaração de Jerusalém*. Define-o

Prefácio

como "discriminação, preconceito, hostilidade ou violência contra judeus enquanto judeus (ou instituições judaicas enquanto tal)" e fornece exemplos que ajudam a distinguir declarações e ações anti-Israel de declarações e ações antissemitas. Mas, embora alguns dos principais pesquisadores do Holocausto tenham participado da sua redação, ela foi ofuscada pela crescente influência daquela estabelecia pela I.H.R.A. Em 2021, a Comissão Europeia publicou um manual "de uso prático" da sua acepção, recomendando, entre outras coisas, usá-la no treinamento de policiais para reconhecerem crimes de ódio, além de propor a criação do cargo de procurador do Estado, coordenador ou comissário para o antissemitismo.

A Alemanha já havia implementado essa sugestão específica. Em 2018, o país concenbeu o Gabinete do Comissário Federal do Governo para a Vida Judaica na Alemanha e o Combate ao Antissemitismo, uma vasta rede de burocracia que inclui comissários nos níveis estadual e municipal, alguns dos quais trabalham nos escritórios dos promotores ou nas delegacias de polícia. Desde então, a Alemanha relatou um aumento quase ininterrupto no número de incidentes antissemitas: mais de dois mil em 2019, acima de três mil em 2021. E, segundo um grupo de monitoramento, chocantes novecentos e noventa e quatro no mês seguinte ao ataque do Hamas. As estatísticas, porém, misturam o que os alemães chamam de *Israelbezogener Antisemitismus* - antissemitismo relacionado a Israel, como no caso de crítica às políticas do governo israelense - com ataques brutais, a exemplo do tiroteio em uma sinagoga, em Halle, em 2019, que matou duas pessoas; tiros disparados contra a casa de um ex-rabino, em Essen, em 2022; e dois coquetéis molotov jogados em uma sinagoga de Berlim neste outono. O número de ocorrências envolvendo violência, de fato, permaneceu relativamente estável e não subiu após a agressão do Hamas.

Agora há dezenas de comissários de combate ao antissemitismo em toda a Alemanha. Eles não têm uma descrição de trabalho específica, nem arcabouço legal, mas grande parte parece consistir em envergonhar em público aqueles que eles consideram antissemitas. Não raro, por "desingularizar o Holocausto" ou por criticar Israel. Quase nenhum desses comissários é judeu. Na verdade, a proporção de judeus entre seus alvos é sem dúvida maior. Estes incluíram o sociólogo germano-israelense Moshe Zuckermann, sob suspeição, por apoiar o movimento B.D.S., assim como o fotógrafo judeu sul-africano Adam Broomberg.

Em 2019, o *Bundestag* aprovou uma resolução condenando o B.D.S. como antissemita e recomendando a retenção de financiamento estatal para eventos e instituições ligadas à iniciativa. A sua cronologia é reveladora. Uma versão foi introduzida primeiro pelo AfD, o partido etnonacionalista de extrema-direita e eurocético, então recém-chegado ao parlamento alemão. Políticos mainstream rejeitaram a resolução porque ela vinha do AfD, mas, com possível receio de serem vistos como fracos no combate ao antissemitismo, introduziram logo em seguida uma proposta similar por conta própria. A deliberação seria imbatível por associar o B.D.S. à "fase mais terrível da história alemã". Para o AfD, cujos líderes fizeram declarações antissemitas explicitas e endossaram a retomada da linguagem nacionalista da era nazista, o espectro do antissemitismo é um instrumento político perfeito. Eles utilizam-no de forma cínica, como passaporte para o primeiro plano político, assim como uma arma que pode ser empregada contra imigrantes muçulmanos.

O movimento B.D.S., inspirado naquele nascido contra o apartheid sul-africano, busca usar pressão econômica para garantir direitos iguais para os palestinos em Israel, acabar com a ocupação e promover o retorno dos refugiados. Muitos consideram-no problemático, por não afirmar o direito de existência do Estado de Israel - e, de fato, alguns adeptos do B.D.S. vislumbram desfazer o projeto sionista como um todo. Ainda assim, pode-se argumentar que associar um movimento de boicote não violento, cujos apoiadores posicionaram-se de maneira explícita, como alternativa à luta armada, ao Holocausto, constituiria a própria definição de relativismo do Holocausto. Mas, de acordo com a lógica da política

Prefácio

de memória alemã, porque o B.D.S. é direcionado contra os judeus - embora vários dos seus apoiadores também sejam judeus -, ele é antissemita. Seria também pertinente argumentar que a conexão inerente de judeus com o Estado de Israel é antissemita, mesmo que se enquadre na definição de antissemitismo da I.H.R.A. Afinal, dado o envolvimento do AfD e a sequência de medidas tomadas, principalmente, contra judeus e pessoas não-brancas, seria cabível imaginar que tal alegação ganharia peso. Contudo, não é essa a realidade alemã.

A Lei Fundamental da Alemanha, ao contrário da Constituição dos Estados Unidos, mas como as Cartas Magnas de muitos outros países europeus, não foi interpretada como fornecedora de uma garantia absoluta de liberdade de expressão. No entanto, ela promete essa liberdade não apenas na imprensa, mas nas artes e ciências, pesquisa e ensino. É possível, caso a resolução do B.D.S. torne-se lei, que seja considerada inconstitucional. Mas isso não foi posto à prova. Parte do que tornou a resolução poderosa, em particular, foi a generosidade costumeira do Estado alemão: quase todos os museus, exposições, conferências, festivais e outros eventos culturais recebem financiamento do governo federal, estadual ou municipal. "Isso criou um ambiente macartista", disse-me Candice Breitz, a artista. "Sempre que queremos convidar alguém, eles" – isso é, qualquer agência governamental que esteja financiando o evento - "pesquisam no google seus nomes ao lado de palavras como 'B.D.S.', 'Israel', 'apartheid'.

*

Alguns anos atrás, Breitz, cuja arte reflete sobre questões de raça e identidade, e Michael Rothberg, professor titular de estudos do Holocausto na Universidade da Califórnia, Los Angeles, tentaram organizar um simpósio sobre a memória do Holocausto alemão, sob o título de "Precisamos Conversar". Depois de meses de preparativos, eles tiveram seus financiamentos estaduais cortados, provavelmente porque o programa incluía uma mesa relacionando

Na Sombra do Holocausto

Auschwitz ao genocídio dos povos Herero e Nama, levado a cabo entre 1904 e 1908 pelos colonizadores alemães, no que é hoje a Namíbia. "Algumas das técnicas da Shoah foram desenvolvidas naquela época", disse Breitz. "Mas você não tem permissão para falar sobre o colonialismo alemão e a Shoah na mesma frase, por constituir um *nivelamento*".

A insistência na singularidade do Holocausto e na centralidade do compromisso da Alemanha são dois lados da mesma moeda: eles posicionam o Holocausto como um evento que os alemães devem sempre lembrar e comentar, mas não precisam temer sua repetição, por ser diferente de qualquer outra coisa que já aconteceu ou acontecerá. A historiadora alemã Stefanie Schüler-Springorum, que dirige o Centro de Pesquisa sobre Antissemitismo, em Berlim, argumentou que a Alemanha unificada transformou o acerto de contas com o Holocausto em sua ideia nacional e, por isso, "qualquer tentativa em avançar nossa compreensão do próprio evento histórico, através de comparações com outros crimes alemães ou outros genocídios, pode e está sendo visto como um ataque à base deste novo estado-nação". Talvez seja esse o significado de "Nunca mais é agora".

Alguns dos grandes pensadores judeus que sobreviveram ao Holocausto passaram o resto de suas vidas tentando dizer ao mundo que o horror, embora singular em sua forma mortal, não deveria ser visto como uma aberração. O fato de o Holocausto ter acontecido significa que ele foi - e continua sendo possível. O sociólogo e filósofo Zygmunt Bauman argumentou que a natureza massiva, sistemática e eficiente do Holocausto era uma função da modernidade – mesmo sem qualquer predeterminação, alinhava-se as outras invenções do século XX. Theodor Adorno pesquisou sobre o que levava as pessoas a seguirem líderes autoritários, procurando um princípio moral que impedisse outro Auschwitz.

Em 1948, Hannah Arendt redigiu uma carta aberta, que começava dizendo: "entre os fenômenos políticos mais perturbadores de

Prefácio

nossos tempos está o surgimento, no recém-criado Estado de Israel, do 'Partido da Liberdade' (Tnuat Haherut), um partido político com relação íntima, em sua organização, métodos, filosofia política e apelo social aos partidos nazista e fascista." Apenas três anos após o Holocausto, Arendt relacionava um partido israelense judeu ao Partido Nazista, ato que hoje seria uma clara violação da definição de antissemitismo da I.H.R.A. Arendt baseou sua comparação em um ataque realizado, em parte pelo Irgun, um antecessor paramilitar do Partido da Liberdade, contra o vilarejo árabe de Deir Yassin, que não estava envolvido na guerra e nem constituía um objetivo militar. Os atacantes "mataram a maioria de seus moradores - 240 homens, mulheres e crianças - alguns foram mantidos vivos para desfilarem como presos pelas ruas de Jerusalém."

A ocasião para a carta de Arendt foi uma visita planejada aos Estados Unidos pelo líder do partido, Menachem Begin. Albert Einstein, outro judeu alemão que fugiu dos nazistas, adicionou sua assinatura. Dali a trinta anos, Begin tornava-se primeiro-ministro de Israel. Outro meio século depois, em Berlim, a filósofa Susan Neiman, dirigente de um instituto de pesquisa nomeado em homenagem ao físico, falou na abertura de uma conferência chamada "Sequestro da Memória: o Holocausto e a Nova Direita." Ela sugeriu que poderia enfrentar repercussões por desafiar as maneiras como a Alemanha agora utiliza sua cultura de memória. Neiman é cidadã israelense e estudiosa de memória e da moral. Um de seus livros chama-se "Aprendendo com os Alemães: Raça e a Memória do Mal." Nos últimos anos, segundo Neiman, essa cultura "perdeu a cabeça."

A resolução anti-B.D.S. da Alemanha, por exemplo, teve um efeito sinistro na esfera cultural do país. A cidade de Aachen retirou um prêmio de dez mil euros que havia concedido ao artista libanês-americano Walid Raad; a cidade de Dortmund e o júri do Prêmio Nelly Sachs, de quinze mil euros, também revogaram a honra concedida à escritora britânico-paquistanesa Kamila Shamsie. O filósofo político camaronês Achille Mbembe teve sua participação em um grande festival questionada, depois que o comissário federal de antissemitismo acusou-o apoiar o B.D.S. e "relativizar o Holocausto". (Mbembe disse que não está ligado ao movimento de boicote; o próprio festival foi cancelado por causa do covid.) O diretor do Museu Judaico de Berlim, Peter Schäfer, renunciou em 2019, suspeito de simpatizar com o B.D.S. - ele não o apoiava, de fato, mas o museu havia postado um link, no Twitter, para um artigo de jornal que incluía críticas à resolução. O gabinete de Benjamin Netanyahu também pediu a Merkel que cortasse o financiamento do museu porque, na opinião do primeiro-ministro israelense, sua exposição sobre Jerusalém dava muita atenção aos muçulmanos da cidade. (A resolução B.D.S. da Alemanha pode ser única em seu impacto, mas não em seu conteúdo: a maioria dos estados dos EUA agora têm leis que equiparam o boicote ao antissemitismo e retêm financiamento estatal de cidadãos e instituições que o respaldam).

Após o cancelamento do simpósio "Precisamos Conversar", Breitz e Rothberg reuniram-se e propuseram outro seminário, "Ainda Precisamos Conversar". A lista de palestrantes estava impecável. Uma entidade governamental avaliou todos e concordou em financiar o encontro. Estava agendado para o início de dezembro. Então, o Hamas atacou Israel. "Sabíamos que depois disso, todo político alemão consideraria extremamente arriscado estar ligado a um evento com palestrantes palestinos ou a palavra 'apartheid'", disse Breitz. Em 17 de outubro, Breitz soube que o subsídio havia sido cortado. Enquanto isso, por toda a Alemanha, a polícia reprimia atos exigindo um cessar-fogo em Gaza ou expressando apoio aos palestinos. Em vez de um fórum, Breitz e outros organizaram uma manifestação. Denominaram-na "Ainda Precisamos muito, muito, muito, Conversar". Cerca de uma hora depois do início do encontro, policiais à paisana atravessaram a multidão para confiscar um cartaz de papelão que dizia "Do Rio ao Mar, Exigimos Igualdade". Quem o portava era uma mulher judia israelense.

A proposta "Cumprindo a Responsabilidade Histórica" está, desde então, parada no comitê. Ainda assim, a batalha performática contra o antissemitismo continuou a intensificar-se. Em

Prefácio

novembro, o planejamento da Documenta, uma das mostras de arte mais importantes do mundo, entrou em pane depois que o jornal *Süddeutsche Zeitung* desenterrou uma petição que um membro do comitê organizador artístico, Ranjit Hoskote, assinou em 2019. O requerimento, protestando contra um congresso sobre sionismo e Hindutva, planejado em sua cidade natal de Hoskote, Mumbai, denunciava o sionismo como "uma ideologia racista que evoca um estado colonial de povoamento, regime de apartheid em que não-judeus têm direitos desiguais e, na prática, baseado na limpeza étnica dos palestinos." O *Süddeutsche Zeitung* noticiou sob o título de "Antissemitismo". Hoskote renunciou e o resto do comitê seguiu-o. Uma semana depois, Breitz leu em um jornal que um museu em Sarre cancelou sua exposição, programada para 2024, "diante da cobertura midiática sobre a artista, em conexão com suas declarações controversas no contexto da guerra de agressão do Hamas contra o Estado de Israel."

*

Ainda naquele mês de novembro, deixei Berlim para viajar a Kiev, atravessando, de trem, a Polônia e, em seguida, a Ucrânia. Este é um bom lugar para dizer algumas coisas sobre minha relação com a história judaica dessas terras. Muitos judeus americanos vão à Polônia para visitar o que resta, se é que resta alguma coisa, dos antigos guetos judeus, para comer comida reconstruída segundo as receitas deixadas por famílias há bastante extintas, e para fazer passeios pelo passado judaico, seus guetos e campos de concentração nazistas. Estou mais próximo dessa crônica. Cresci na União Soviética nos anos setenta, sob a sombra sempre presente do Holocausto, porque apenas parte da minha família sobreviveu, e porque a censura soviética suprimiu qualquer menção pública a eles. Quando, por volta dos nove anos, descobri que alguns criminosos de guerra nazistas ainda estavam à solta, parei de dormir. Eu imaginava um deles subindo pela nossa sacada do quinto andar para me sequestrar.

Na Sombra do Holocausto

Durante os verões, nossa prima Anna e seus filhos vinham de Varsóvia nos visitar. Seus pais decidiram matar-se depois que o Gueto de Varsóvia foi incendiado. O pai de Anna atirou-se sob um trem. Sua mãe amarrou a filha de três anos na cintura com um xale e pulou em um rio. Elas foram retiradas da água por um polonês e sobreviveram à guerra, escondendo-se no campo. Eu conhecia a história, mas não podia mencioná-la. Anna era adulta quando descobriu ser sobrevivente do Holocausto. Ela demorou para contar aos próprios filhos, que tinham mais ou menos a minha idade. A primeira vez em que estive na Polônia, nos anos noventa, foi para pesquisar o destino do meu bisavô, que passou quase três anos no Gueto de Białystok, antes de ser morto em Majdanek.

As guerras de memória do Holocausto na Polônia sucederam-se em paralelo às da Alemanha. As ideias em disputa nos dois países são diferentes, mas uma característica consistente são os vínculos entre políticos de direita como um todo e o Estado de Israel. Assim como na Alemanha, os anos noventa e dois mil viram esforços ambiciosos de memorialização nacionais, assim como locais, rompendo o silêncio da fase soviética. Os poloneses construíram museus e monumentos lembrando os judeus mortos no Holocausto – metade de suas vítimas vindo da Polônia ocupada pelos nazistas - e a cultura judaica que foi perdida com eles. Então veio a reação. Coincidiu com a ascensão ao poder do partido de direita e antiliberal, Lei e Justiça, em 2015. Os poloneses agora queriam uma versão da história em que eram vítimas da ocupação nazista junto aos judeus, que teriam tentado proteger dos alemães.

Isso não refletia a verdade: os exemplos de poloneses arriscando as próprias vidas para salvar judeus, como no caso de minha prima Anna, foram de rara exepcionalidade, enquanto o oposto - comunidades inteiras ou estruturas do estado polonês pré-ocupação, como a polícia ou a prefeitura, assasinando judeus em massa - era comum. Entretanto, pesquisadores que estudaram o papel dos poloneses no Holocausto têm sido atacados. O historiador de Princeton, nascido na Polônia, Jan Tomasz Gross, foi interrogado

Prefácio

e ameaçado de ação penal por escrever que seus conterrâneos mataram mais judeus poloneses do que os alemães. As autoridades do país perseguiram-no mesmo depois dele se aposentar. O governo pressionou Dariusz Stola, chefe da POLIN, museu inovador de Varsóvia sobre a presença judaica polonesa, a deixar seu cargo. Os historiadores Jan Grabowski e Barbara Engelking foram processados por afirmarem que o prefeito de um certo vilarejo foi colaborador durante o Holocausto.

Quando escrevi sobre o caso de Grabowski e Engleking, recebi algumas das ameaças de morte mais assustadoras de minha vida. (Recebi muitas; a maioria é esquecível.) Uma delas, enviada para um endereço de e-mail do trabalho, dizia: "Se você continuar difundindo mentiras sobre a Polônia e os poloneses, entregarei essas balas no seu corpo. Veja o anexo! Cinco delas em cada joelho, para que você não ande mais. Mas se continuar a espalhar seu ódio judeu, depositarei mais 5 balas na sua vagina. O terceiro passo você não vai perceber. Mas não se preocupe, não te visitarei na próxima semana ou em oito semanas, voltarei quando você esquecer esta mensagem, talvez em 5 anos. Você está na minha lista..." Em anexo, uma foto de duas balas brilhantes na palma da mão... O Museu Estadual Auschwitz-Birkenau, cujo chefe é nomeado pelo governo, tuitou uma denúncia ao meu artigo, assim como a conta do Congresso Judaico Mundial. Passados alguns meses, um convite para falar em uma universidade foi cancelado porque, segundo explicaram ao meu agente de palestras, sugeriram que eu poderia ser antissemita.

Ao longo das guerras de memória do Holocausto polonês, Israel manteve relações amigáveis com o país. Em 2018, Netanyahu e o primeiro-ministro polonês, Mateusz Morawiecki, emitiram uma declaração conjunta contra "ações voltadas a culpar a Polônia ou a nação polonesa, como um todo, pelos crimes cometidos pelos nazistas e seus colaboradores de diferentes nações". O anúncio afirmava, falsamente, que "estruturas do estado polonês clandestino, supervisionadas pelo governo polonês no exílio, criaram um mecanismo de ajuda e apoio sistemático às pessoas judias". Netanyahu construía

Na Sombra do Holocausto

alianças com os governos iliberais de países da Europa Central, como Polônia e Hungria, em parte para evitar que se solidifique um consenso antiocupação na União Europeia. Por isso, estava disposto a mentir sobre o Holocausto.

Todo ano, dezenas de milhares de adolescentes israelenses visitam o museu de Auschwitz, antes de se formarem no ensino médio (embora no ano passado elas tenham sido canceladas por questões de segurança, aliadas à crescente insistência do governo em apagar da narrativa o envolvimento dos poloneses no Holocausto). É uma viagem poderosa, formadora de identidade, que acontece apenas um ano ou dois antes dos jovens israelenses ingressarem no exército. Noam Chayut, um dos fundadores do *Breaking the Silence*, grupo de ativismo antiocupação em Israel, escreveu sobre sua própria experiência, ocorrida no final dos anos noventa: "Agora, na Polônia, como um adolescente do ensino médio, comecei a sentir pertencimento, auto-amor, poder e orgulho, e o desejo de contribuir, viver e ser forte, tão forte que ninguém jamais tentaria me machucar."

Chayut levou esse sentimento para as Forças de Defesa de Israel (IDF), que o destacaram para a Cisjordânia ocupada. Um dia ele estava fixando notificações de confisco de propriedade. Um grupo de crianças brincava nas proximidades. Chayut deu um sorriso que imaginou ser gentil, e não ameaçador, a uma garotinha. As outras crianças sairam correndo, mas a menina permaneceu congelada, aterrorizada, até que ela também escapou. Mais tarde, quando Chayut publicou um livro sobre a transformação que esse encontro gerou, ele confessou que não sabia dizer a razão de ter sido ela, especificamente: "Afinal, também havia o menino algemado no jipe e outra garota, cuja casa da família tínhamos invadido de madrugada para levar sua mãe e sua tia. E havia crianças, centenas delas, gritando e chorando enquanto revirávamos seus quartos e suas coisas. E havia a de Jenin, cuja parede explodimos com uma carga que fez um buraco a poucos centímetros de sua cabeça. Milagrosamente, ele não ficou ferido, mas tenho certeza de que sua audição e sua mente sofreram graves danos." Mas nos

Prefácio

olhos daquela garota, naquele dia, Chayut viu um reflexo do mal aniquilador, do tipo que aprendeu ter existido, mas apenas entre 1933 e 1945, e só onde os nazistas atuaram. Chayut chamou seu livro de "A Garota que Roubou Meu Holocausto."

*

Peguei o trem na fronteira polonesa para Kiev. Quase trinta e quatro mil judeus foram mortos a tiros em Babyn Yar, uma gigantesca ravina nos arredores da cidade, em apenas trinta e seis horas, em setembro de 1941. Dezenas de milhares de pessoas morreram lá antes que a guerra terminasse. Isso é o que agora conhecemos como o Holocausto a tiros. Muitos dos países onde esses massacres ocorreram - os países bálticos, Belarus, Ucrânia - foram recolonizados pela União Soviética após a Segunda Guerra Mundial. Dissidentes e ativistas culturais judeus arriscaram sua liberdade para manter a memória dessas tragédias, coletar testemunhos e nomes e, quando possível, limpar e proteger os próprios locais. Com a queda da União Soviética, projetos de memorialização acompanharam os esforços para ingressar na União Europeia. "O reconhecimento do Holocausto é nosso bilhete para a Europa contemporânea", escreveu o historiador Tony Judt em seu livro de 2005, "Pós-guerra".

Na floresta de Rumbula, nos arredores de Riga, por exemplo, onde cerca de vinte e cinco mil judeus foram assassinados em 1941, inaugurou-se um memorial em 2002, dois anos antes da admissão da Letônia na UE. Um esforço sério para comemorar Babyn Yar consolidou-se com a revolução de 2014, que colocou a Ucrânia no caminho de aspirante à UE. Na época da invasão da Rússia à Ucrânia, em fevereiro de 2022, várias estruturas menores foram concluídas, e planos ambiciosos para um complexo museológico maior estavam em andamento. Com o ataque, a construção foi interrompida. Uma semana após o início da guerra em grande escala, um míssil russo atingiu o lado do complexo memorial, matando ao menos quatro pessoas. Desde então, alguns associados ao projeto se reorganizaram como uma equipe de investigadores de crimes de guerra.

O presidente ucraniano, Volodymyr Zelensky, travou uma campanha sincera para conquistar o apoio israelense à Ucrânia. Em março de 2022, ele fez um discurso no Knesset, em que não enfatizou sua própria herança judaica, mas focou na conexão tradicional inextricável entre judeus e ucranianos. Ele fez paralelos inequívocos entre o regime de Putin e o Partido Nazista. Chegou a afirmar que oitenta anos atrás os ucranianos resgataram os judeus. (Assim como na Polônia, qualquer alegação de que tal ajuda tenha sido generalizada é falsa.) Porém, o que funcionou para o governo de direita da Polônia não deu certo para o presidente pró-europeu da Ucrânia. Israel não lhe forneceu a ajuda pela qual implorou em sua cruzada contra a Rússia, país que apoia em público o Hamas e o Hezbollah.

Ainda assim, antes e depois do 7 de outubro, a frase que imagino ter mais ouvido na Ucrânia foi "Precisamos ser como Israel." Políticos, jornalistas, intelectuais e ucranianos comuns identificam-se com a história que Israel conta sobre si mesma, a de uma ilha minúscula, mas poderosa, de democracia, resistindo firme contra inimigos que a cercam. Alguns expoentes de esquerda argumentaram que a Ucrânia, que está lutando uma guerra anticolonial contra uma potência ocupante, deveria ver seu reflexo na Palestina, não em Israel. Essas vozes são marginais e, na maioria das vezes, pertencem a jovens ucranianos que estão ou estudaram no exterior. Após o ataque do Hamas, Zelensky queria correr para Israel para demonstrar apoio e união entre aquele país e a Ucrânia. As autoridades israelenses parecem ter tido outras ideias – e a visita não aconteceu.

Enquanto a Ucrânia tentava, sem sucesso, fazer Israel reconhecer que a invasão da Rússia assemelha-se à agressão genocida da Alemanha nazista, Moscou construiu um universo de propaganda para retratar o governo de Zelensky, o exército ucraniano e seu povo, como nazistas. A Segunda Guerra Mundial é o evento

Prefácio

central do mito histórico da Rússia. Durante o reino de Vladimir Putin, à medida em que os últimos sobreviventes do confronto foram morrendo, as celebrações públicas transformaram-se em paradas carnavalescas de vitimismo russo. A URSS perdeu pelo menos vinte e sete milhões de pessoas naquele conflito, um número desproporcional deles, ucranianos. A União Soviética e a Rússia lutaram em conflagrações armadas de forma quase continua desde 1945, mas a palavra "guerra" ainda é sinônimo da Segunda Guerra Mundial, e o termo "inimigo" é usado de forma intercambiável com "fascista" e "nazista". Isso tornou bem mais fácil para Putin, ao declarar uma nova guerra, rotular os ucranianos de nazistas.

Netanyahu comparou os assassinatos do Hamas, no festival de música, ao Holocausto a tiros. Essa colocação, captada e redistribuída por líderes mundiais, incluindo o presidente Biden, serve como reforço ao caso de Israel para infligir punição coletiva aos moradores de Gaza. Da mesma forma, quando Putin diz "nazista" ou "fascista", ele quer dizer que o governo ucraniano é tão perigoso, que a Rússia acha-se justificada em bombardear e sitiar cidades ucranianas e matar sua população civil. Existem diferenças significativas, é claro: as alegações da Rússia de que a Ucrânia a atacou primeiro e as representações do governo ucraniano como fascista são falsas; o Hamas, por outro lado, é um poder tirânico, que atacou Israel e cometeu atrocidades que ainda não conseguimos compreender ao todo. Mas essas diferenças importam quando a retaliação envolve matar crianças?

Nas primeiras semanas da invasão em larga escala da Rússia à Ucrânia, quando suas tropas ocupavam os subúrbios ocidentais da capital, o diretor do museu da Segunda Guerra Mundial de Kiev, Yurii Savchuk, estava residindo ali para repensar a exposição principal. Um dia depois que as forças armadas ucranianas expulsaram os russos da região, ele encontrou-se com o comandante-em-chefe das forças armadas ucranianas, Valerii Zaluzhnyi, e obteve permissão para a coleta de artefatos. Savchuk e sua equipe foram a Bucha, Irpin, e outras cidades que acabavam de ser "desocupadas", como os ucranianos diziam agora, entrevistando testemunhas que ainda não haviam contado suas versões. "Isso foi antes das exumações e dos reenterros", disse Savchuk. "Vimos o verdadeiro rosto da guerra, com todas as suas emoções. O medo, o terror, estavam na atmosfera, que nós absorvíamos com o ar."

Em maio de 2022, o museu abriu uma nova exposição, intitulada "Ucrânia - Crucificação". Começa mostrando as botas de soldados russos, que a equipe de Savchuk havia recolhido. É uma reversão estranha: tanto o museu de Auschwitz, quanto o do Holocausto em Washington, D.C., exibiram centenas ou milhares de sapatos que pertenciam a vítimas do Holocausto. Eles transmitem a escala da perda, mesmo que mostrem apenas uma pequena fração. A exposição em Kiev revela a magnitude da ameaça. As botas estão dispostas no chão do museu, no padrão de uma estrela de cinco pontas, o símbolo do Exército Vermelho, que se tornou tão sinistro na Ucrânia quanto a suástica. Em setembro, Kiev removeu estrelas de cinco pontas de um monumento à Segunda Guerra Mundial, na antiga Praça da Vitória — renomeada porque a palavra conota a celebração da Rússia naquilo que ainda chama de Grande Guerra Patriótica. A cidade também mudou as datas no monumento, de "1941-1945" — os anos da guerra entre a União Soviética e a Alemanha — para "1939-1945". Corrigindo a memória de um monumento por vez.

✳

Em 1954, um tribunal israelense julgou um caso de difamação envolvendo um judeu húngaro chamado Israel Kastner. Uma década antes, quando a Alemanha ocupava a Hungria e tentava implementar com pressa o assassinato em massa de seus judeus, Kastner, enquanto líder da comunidade judaica, entrou em negociações com o próprio Adolf Eichmann. Ele propôs comprar as vidas dos judeus da Hungria por dez mil caminhões. Quando deu errado, ele negociou para salvar mil seiscentos e oitenta e cinco pessoas, transportando-as de trem fretado para

Prefácio

a Suíça. Centenas de milhares de outros judeus húngaros foram embarcados em trens para campos de extermínio. Um sobrevivente judeu húngaro havia acusado Kastner, em público, de ter colaborado com os alemães. Kastner processou-o por difamação e, na prática, acabou no banco dos réus. O juiz concluiu que ele tinha "vendido sua alma ao diabo".

A denúncia de colaboração contra Kastner baseou-se na alegação de que ele não havia revelado viajantes que eles rumavam para sua morte. Seus detratores argumentaram que, se ele tivesse alertado os deportados, eles teriam se rebelado, e não ido para os campos de extermínio como ovelhas para o abate. O julgamento foi lido como o início de um impasse discursivo, em que a direita israelense pregava a violência preventiva, enxergando a esquerda como deliberadamente indefesa. Na época do julgamento, Kastner era um político de esquerda; seu denunciante, um ativista de direita.

Sete anos depois, o juiz que presidiu a audiência por difamação de Kastner, foi um dos três árbitros do julgamento de Adolf Eichmann. Aqui estava o próprio demônio. A acusação argumentou que Eichmann representava apenas uma literação da ameaça eterna aos judeus. O processo ajudou a solidificar a narrativa de que, para evitar a aniquilação, os judeus precisariam estar preparados para usar a força preventiva. Arendt, ao relatar o ocorrido, não aceitou essa ideia. Sua frase, "a banalidade do mal," suscitou talvez as queixas originais, dirigidas a um judeu, por trivializar o Holocausto. Ela não. Mas ela viu que Eichmann não era um diabo, quem sabe o diabo nem existisse. Ela raciocinou que não havia tal coisa como mal radical, que o mal sempre era comum, mesmo quando extremo — algo "nascido na sarjeta", como ela mesma afirmou mais tarde, algo de "profunda superficialidade".

Arendt também contestou a narrativa da acusação de que os judeus eram vítimas de, como ela colocou, "um princípio histórico que se estende do Faraó a Hamã — vítima de um princípio metafísico". Esse relato, enraizado na lenda bíblica de Amaleque, um

Na Sombra do Holocausto

povo do deserto de Negev que lutou diversas vezes com os antigos israelitas, sustenta que cada geração de judeus enfrenta seu próprio Amaleque. Ouvi essa lenda quando era adolescente; foi a primeira lição da Torá que recebi, ensinada por um rabino que reunia as crianças nos subúrbios de Roma, onde viviam refugiados da União Soviética, enquanto esperavam seus documentos para entrarem nos Estados Unidos, Canadá ou Austrália. Nessa saga, como contada pelo promotor no julgamento de Eichmann, o Holocausto é um evento predeterminado, parte da história judaica — e apenas da judaica. Os judeus, nesta versão, sempre têm um medo bem justificado de aniquilação. De fato, só podem sobreviver se agirem como se o extermínio fosse iminente.

Quando escutei pela primeira vez a fábula de Amaleque, ela me fez todo sentido. Descrevia o mundo que conhecia; ajudou a conectar minhas experiências atravessando agressões e espancamentos, com as advertências de minha bisavó - de que usar em público expressões de yídich aprendidas em casa era perigoso -, e com a injustiça incomensurável de meu avô e bisavô, entre dezenas de outros familiares, terem sido mortos antes de eu nascer. Tinha catorze anos e uma vida solitária. Sabia que eu e minha família éramos mártires, e a lenda de Amaleque absorveu meu senso de vitimização produzindo significados e um senso de comunidade.

Netanyahu tem agitado sobre Amaleque na esteira do ataque do Hamas. A lógica dessa lenda, como ele a manipula — de que os judeus ocupam um lugar singular na história e têm uma reivindicação exclusiva à vitimização — fortaleceu a burocracia anti-antissemita na Alemanha, e a aliança profana entre Israel e a extrema direita europeia. Mas nenhuma nação é apenas vítima o tempo todo ou executora o tempo todo. Assim como grande parte da reivindicação de impunidade de Israel reside no status de mártir perpétuo, muitos críticos do país têm tentado justificar o ato de terrorismo do Hamas como uma resposta previsível à opressão de Israel contra os palestinos. De forma inversa, aos olhos dos apoiadores de Israel, os palestinos em Gaza não podem

Prefácio

ser vítimas porque o Hamas atacou Israel primeiro. A luta por uma reivindicação legítima de vitimização segue para sempre.

Nos últimos dezessete anos, Gaza tem sido um complexo superpovoado, empobrecido e cercado por muros, do qual apenas uma pequena fração da população tinha o direito de sair, mesmo que por poucas horas - em outras palavras, um gueto. Não como o gueto judeu em Veneza ou um gueto urbano nos Estados Unidos, mas como um gueto judeu em um país da Europa Oriental, ocupado pela Alemanha nazista. Nos dois meses desde a investida do Hamas contra Israel, toda a população de Gaza sofre com o incessante ataque das forças israelenses. Milhares pereceram. Em média, uma criança é morta ali a cada dez minutos. Bombas israelenses atingiram hospitais, maternidades e ambulâncias. Oito em cada dez palestinos de Gaza agora estão sem-teto, movendo-se de um lugar para outro, nunca capazes de chegar a um porto seguro.

O termo "prisão ao ar livre" parece ter sido cunhado em 2010 por David Cameron, o então primeiro-ministro britânico. Diversas organizações de direitos humanos que documentam as condições em Gaza adotaram essa descrição. Mas como nos guetos judeus da Europa ocupada, não há carcereiros – Gaza não é policiada pela força ocupante, mas por um ente local. É de se presumir que o termo mais adequado, "gueto", teria sido criticado por comparar a situação dos palestinos sitiados em Gaza à dos judeus enclausurados. Também nos forneceria a linguagem para descrever o que ocorre em Gaza agora. O gueto está sendo liquidado.

Os nazistas afirmavam que os guetos eram necessários para proteger os não-judeus das doenças espalhadas pelos últimos. Israel afirmou que o isolamento de Gaza, assim como o muro na Cisjordânia, é imprescindível para defender os israelenses de ataques terroristas realizados por palestinos. A alegação nazista não tinha base na realidade, enquanto a alegação israelense decorre de atos de violência reais e repetidos. Essas são diferenças essenciais. No entanto, ambos os argumentos propõem que

Na Sombra do Holocausto

uma autoridade ocupante pode escolher isolar, jogar na miséria - e agora, colocar sob risco de morticino - uma população inteira em nome dos próprios interesses.

Desde os primeiros dias da fundação de Israel, a comparação dos palestinos transpostos com os judeus deslocados foi enunciada, apenas para ser rejeitada. Em 1948, o ano em que o Estado foi criado, um artigo no jornal israelense Maariv descreveu as condições precárias - "idosos tão fracos que estavam à beira da morte"; "um menino com duas pernas paralisadas"; "outro cujas mãos foram decepadas" - nas quais os palestinos, na maioria mulheres e crianças, deixaram a aldeia de Tantura após sua ocupação pelas tropas israelenses: "Uma mulher carregava seu filho em um braço e com a outra mão segurava sua mãe idosa. Ela não conseguia acompanhar o ritmo, gritava e implorava para ir mais devagar, mas a filha não aceitava. Por fim, a idosa desabou na estrada sem conseguir se mover. A filha arrancava os próprios cabelos ... para ao menos chegar a tempo. E pior foi isso ser associado às mães e avós judias que ficavam para trás dessa maneira nas estradas sob o domínio dos assassinos." O jornalista se corrigiu. "Obviamente, não há espaço para tal comparação", escreveu. "Este destino - eles mesmos o trouxeram sobre si."

Os judeus pegaram em armas em 1948 para reivindicar a terra que lhes foi oferecida por uma decisão das Nações Unidas, de partir o que havia sido a Palestina controlada pelos britânicos. Os palestinos, apoiados pelos estados árabes vizinhos, não aceitaram a divisão e a declaração de independência de Israel. Egito, Síria, Iraque, Líbano e Transjordânia invadiram o protoestado israelense, iniciando o que Israel agora chama de Guerra da Independência. Centenas de milhares de palestinos fugiram dos combates. Aqueles que não o fizeram foram expulsos de suas aldeias pelas forças israelenses. A maioria deles nunca pôde retornar. Os palestinos lembram 1948 como a Nakba, uma palavra que significa "catástrofe" em árabe, assim como Shoah significa "catástrofe" em hebraico. O fato da comparação ser inevitável levou numerosos

Prefácio

israelenses a afirmar que, ao contrário dos judeus, os palestinos trouxeram sua própria catástrofe sobre si.

No dia em que cheguei a Kiev, alguém me entregou um livro grosso. Era o primeiro estudo acadêmico de Stepan Bandera a ser publicado na Ucrânia. Bandera é um herói ucraniano: ele lutou contra o regime soviético; dezenas de monumentos surgiram em sua homenagem desde o colapso da U.R.S.S. Ele acabou na Alemanha após a Segunda Guerra Mundial, liderou um movimento guerrilheiro do exílio, morrendo envenenado por um agente da K.G.B., em 1959. Bandera também era um fascista convicto, um ideólogo que queria construir um regime totalitário. Esses fatos são detalhados no livro, que vendeu cerca de duzentas cópias, pois diversas livrarias se recusaram a comercializá-lo. A Rússia faz uso fácil do culto a Bandera como evidência de que a Ucrânia é um estado nazista. Os ucranianos, na maioria das vezes, respondem destorcendo o legado de Bandera. É muito difícil para as pessoas aceitarem a ideia de que alguém poderia ter sido o inimigo do seu inimigo e, ainda assim, não uma força benevolente. Uma vítima e também um algoz. Ou vice-versa.

I

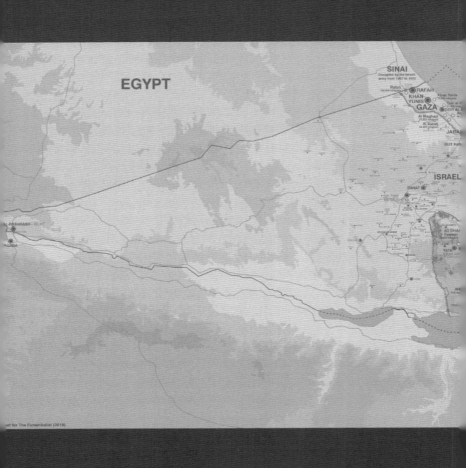

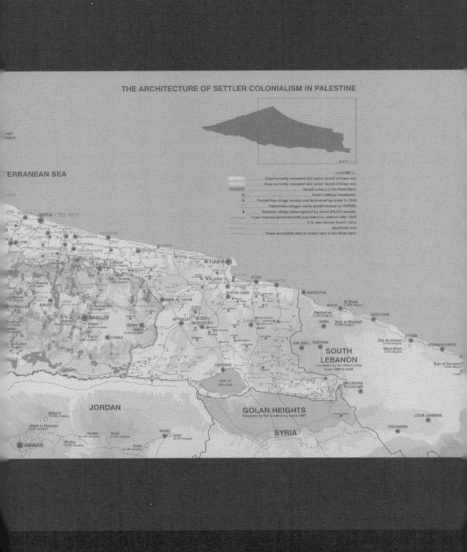

Violações sistemáticas de Direitos Humanos na Palestina pós-7 de Outubro de 2023

Associação de Amparo aos Presos Políticos Palestinos (Addameer - الضمير)

A luta e resistência palestina, surgidas com a declaração Balfour de 1917, cultiva raízes próprias, anteriores ao 7 de Outubro de 2023. A promessa do colonialismo britânico, de uma pátria ao povo judeu no espaço de seu mandato na Palestina, alimentou os planos sionistas para expulsarem os palestinos de suas casas à força, reivindicando a terra, com base em uma identidade religiosa judaica exclusiva. Desde 1948, os palestinos suportaram limpeza étnica e espoliação, transformados em cidadãos sem identidade própria, forçados a viver como refugiados dentro de seu próprio país. Atualmente, 2,3 milhões de refugiados estão espalhados por 32 campos na Cisjordânia e Gaza. Os palestinos continuam testemunhando e experimentando as tragédias da perda de identidade, cultura e terra para os colonos israelenses.

A partir de 1967, Israel apodera-se da Cisjordânia, da Faixa de Gaza e de Jerusalém Oriental. A ocupação é lida por entidades de direitos humanos como marcada por inúmeras violações contra civis palestinos, a exemplo das punições coletivas por meio da demolição de casas, nos aumentos alarmantes de mortes, e nas imposições de detenções arbitrárias e por julgamentos injustos. Uma história de ultrajes, que levou a uma resposta inevitável.

Essas medidas intensificaram-se durante a segunda intifada, assim como as restrições de movimento causadas pelos postos de controle e pelo muro de separação, bem como a expansão dos assentamentos israelenses nesses entornos, patrulhas militares e invasões de cidades ou vilas palestinas. Eclodida ao final de 2000, a segunda intifada foi um momento determinante de conflitos, violentos e brutais, com as forças de segurança israelenses contra civis palestinos.

Na Sombra do Holocausto

A Segunda Intifada foi diferente da primeira em intensidade e nas medidas contra civis. A resposta do governo israelense assumiu a forma de incursões militares, assassinatos individualizados e maiores restrições de mobilidade para o povo palestino. O muro que separa a Cisjordânia do restante dos territórios ocupados também foi erguido durante esse período, mas não antes que as iniciativas contra os palestinos atingissem seu ápice. A construção do muro foi organizada como mecanismo de anexação ilegal de território, na tentativa de minar o direito à autodeterminação palestina.[1] O período da segunda intifada também diferiu dos anos anteriores pelo surgimento, em diferentes pontos, do sistema gigantesco de prisões israelenses.

Após cinco guerras, desde 2008, Gaza tem sido alvo e objeto contínuo de violações e atrocidades. Os cinco anos mais brutais de derramamento de sangue e agressão foram 2008-2009, 2012, 2014, maio de 2021 e a atual carnificina de 2023-24. A cada ano que passa, a crueldade e a barbárie israelense só aumentaram, multiplicando as punições coletivas contra a Palestina.

A agressão e tortura dentro das prisões israelenses aplicadas aos presos após cada ato de resistência e resiliência palestina intensificaram-se, ultrapassando as meras violações dos direitos humanos básicos. Muitos dos atos cometidos pela ocupação israelense contra os presos palestinos infringem diferentes regras básicas do Direito Humanitário Internacional, voltado a limitar os efeitos de conflitos armados. Além das infrações à 4ª Convenção de Genebra, de 1949, relativa à proteção de civis, o 13º artigo da 3ª Convenção de Genebra, afirmando que "os presos de guerra devem ser sempre tratados humanamente" é ignorado por completo. O artigo esclarece que "Qualquer omissão ou ato ilegal pelas forças responsáveis pela detenção, causando a morte ou colocando em sério perigo a saúde de um prisioneiro de guerra sob sua custódia. é violação grave do direito humanitário".

---

1 Em dezembro de 2003, a Assembleia Geral solicitou à Corte Internacional de Justiça um parecer consultivo sobre a questão: quais são as consequências legais decorrentes do muro construído por Israel? O governo tentou contestar o pedido e alegar falta de jurisdição da CIJ, que no entanto, declarou o muro como uma violação do direito internacional e uma questão para a paz e segurança internacionais. Israel ignorou as opiniões e decisões do parecer como um todo.

Violações sistemáticas de Direitos Humanos na Palestina

Prisões em massa depois do 7 de Outubro

A cada ato de resistência palestina, a ocupação israelense recorre a táticas do aprisionamento em massa, aumentando a barbaridade contra os prisioneiros palestinos, que ocorre desde os primórdios da ocupação. A violência e o número de prisões só aumenta como expressão do controle de todos os aspectos da vida palestina, punindo a sociedade como um todo. Este é o caso desde 7 de Outubro, parte da sequência de agressões israelenses contra os palestinos. Entre 7 de Outubro e 4 de março de 2024, o contingente de palestinos detidos pela ocupação israelense só cresceu, ultrapassando 7600. A maioria deu-se na província de Hebron, que tem hoje mais de 1560 encarcerados.

As detenções em massa não discriminam ninguém, alcançando mulheres, crianças, idosos, jornalistas, e estudantes universitários. O número total de prisões entre mulheres ultrapassou 230, incluindo aquelas detidas nos territórios palestinos de 1948. A soma registrada de crianças presas, ao que indica, excede 430.

Após 7 de Outubro, 56 jornalistas foram presos, 37 ainda permanecem encarcerados. Destes, 21 foram transferidos para detenção administrativa. Dois jornalistas de Gaza desapareceram, e seus paradeiros permanecem desconhecidos desde o início da agressão. Estudantes universitários de todas as partes da Cisjordânia e territórios ocupados foram um outro grupo visado, devido ao papel do movimento estudantil e pelo apoio ativo à Palestina nas redes sociais. Nos territórios palestinos eles foram especialmente declarados ilegais pelas autoridades israelenses.

A ocupação e as "instituições acadêmicas israelenses afirmam que as postagens dos alunos violam os regulamentos disciplinares da universidade, que proíbem o 'apoio ao terrorismo' ou 'simpatia com organizações terroristas.'"[2] Muitas vezes, as publicações apenas expressam solidariedade com a Palestina, ou são citações em árabe ou versículos do Corão. O número registrado

---

2 M. K., (23 de outubro de 2023).). *Israeli academic institutions persecute Palestinian students for social media posts amid offensive on Gaza.*

de prisões de estudantes universitários palestinos até hoje supera 120. Não há informações precisas sobre o número relacionado aos universitários de Gaza, pela falta de informações e fontes diretas. Parlamentares palestinos também não foram excluídos da onda de prisões, sendo 18 deles detidos.

Pela intensidade da tortura e dos interrogatórios, doze presos foram dados como mortos nas prisões da ocupação após 7 de Outubro. O tratamento violento é uma afronta direta à 4a Convenção de Genebra.

Ameaças e ataques a jornalistas não são novidade na ocupação, dada a natureza do trabalho deles de documentar e expor violações de direitos; "Apenas em 2021, o *Euro-Mediterranean Human Rights Monitor* documentou 16 denúncias de jornalistas palestinos na Cisjordânia, Faixa de Gaza e Jerusalém Oriental. Todos disseram que as autoridades israelenses os impediram de viajar ou restringiram seus deslocamentos. No entanto, os dados coletados pelo Euro-Med Monitor indicam que o número de jornalistas palestinos proibidos de transitar, e por isso punidos, está estimado em dezenas."[3] O Escritório do Alto-comissário das Nações Unidas para os Direitos Humanos (ACNUDH) é encarregado de promover e proteger direitos, como à liberdade de expressão, de imprensa, e outros direitos de jornalistas e trabalhadores da mídia, nos marcos do Artigo 79, Capítulo III dos Protocolos Adicionais às Convenções de Genebra de 12 de agosto de 1949.[4]

É importante ressaltar que não há dados precisos sobre o número exato de detidos de Gaza, pois há ausência de fontes confiáveis no local, pela impossibilidade de comunicação com os presos, e à recusa da ocupação em divulgar tais informações. Desde o início da guerra, as organizações de direitos humanos não conseguiram funcionar ou operar com normalidade em Gaza, levando assim a uma falta de documentação das violações e prisões dos civis. Em

---

3 Monitor, E.-M. H. R. (s.d.). *Punishing Journalists: Israel's restrictions on freedom of movement and travel against Palestinian journalists.* Monitor de Direitos Humanos Euro-Med. acessado em 24 de dezembro de 2023.

4 (s.d.). Acessado em 24 de dezembro de 2023.

Violações sistemáticas de Direitos Humanos na Palestina

geral, nenhum material pôde ser coletado por nenhuma entidade, em particular aqueles relacionados às detenções. As autoridades israelenses também não divulgaram nenhuma informação ou dado, nem mesmo para as organizações de direitos humanos israelenses.

A ocupação israelense difundiu poucas informações sobre o martírio de presos de Gaza no acampamento militar de Sdeh Teman, em Be'er Al Sabe'. Não há nada sobre esses detidos ou os locais para onde estão sendo levados, além do que é relatado no artigo redigido pelo jornalista Haggai Shizaf, publicado segunda-feira, 18 de dezembro de 2023, no jornal hebraico "Haaretz". Afirma que "centenas de presos de Gaza estão sendo mantidos por semanas em um acampamento perto da cidade de Be'er Al Sabe ', 'Sdeh Taman, sob suspeita de vínculos ao terrorismo. Depois do suposto falecimento de alguns presos, o exército afirma estar pesquisando as causas de suas mortes." Segundo relatório, os detidos ali abrangem todos os grupos etários, incluindo crianças e idosos. As condições do acampamento, além da imposição de restrições, limitam liberdade de movimento. Outro relatório do Haaretz, datado de 2 de janeiro de 2024, revela a primeira imagem dos detidos de Gaza no campo militar de Sde Teman; eles dormem quase nus, e expostos ao frio intenso do inverno, são vendados com constância e submetidos a tortura quase todas as horas do dia. Desde a operação terrestre de invasão à faxa, o exército prendeu mulheres de Gaza, incluindo menores, detendo-as no acampamento militar de 'Anatot', perto de Jerusalém. O lugar é dividido em três seções, cada uma acomodando 200 prisioneiros. O número de mártires de Gaza é superior aos doze já confirmados, fato que reforça a ausência de um cálculo específico sobre eles.

Entre os detidos de Gaza até o momento, seu número total ultrapassa 9100, incluindo mais de 3558 em detenção administrativa e 793 tipificados como "combatentes ilegais". Observa-se que os dados relacionados aos casos de prisão incluem aqueles ainda detidos pela ocupação, assim como os que já foram soltos.

Violências, covardias e crueldades

Após o início da operação militar israelense contra os palestinos em várias regiões, violações do direito internacional aos direitos humanos e do direito humanitário internacional aumentaram de forma significativa.

Desde 7 de Outubro, intensificaram-se as práticas de prisão em massa de palestinos, incluindo crianças e mulheres. Este aumento abrange todos os territórios palestinos, incluindo a Cisjordânia, Jerusalém e as extensões ocupadas de 1948. O uso de detenções arbitrárias, ao lado da punição coletiva por meio de campanhas generalizadas de prisão e detenções prolongadas, testemunhou um aumento preocupante.

Através de novas mudanças nos comandos militares e a própria natureza injusta e ilegal dos procedimentos do tribunal militar israelense, as forças da ocupação minam cada vez mais os direitos dos palestinos quanto às garantias de um julgamento imparcial e proteções contra a tortura e tratamento desumano. Isso produziu violações sistemáticas contra detentos palestinos, com maus-tratos tornando-se comuns.

Prisões arbitrárias tornaram-se mais frequentes desde 7 de Outubro, com um aumento no uso da força durante incursões noturnas, caracterizadas por invasões violentas a domicílios, muitas vezes envolvendo a explosão das portas das casas. O exército também usa violência contra familiares durante essas operações, como documentado pela *Addameer* (*Associação de Amparo aos Presos Políticos Palestinos*), revelando uso excessivo de força, incluindo agressões físicas que ferem os presos. Trata-se de uma tática usada pelos governos, na tentativa de intimidar e reprimir a resistência, violando o artigo 9º da Declaração Universal dos Direitos Humanos, que afirma: "Ninguém será submetido a detenção ou exílio arbitrários".[5]

---

5 Nações Unidas, (s.d.). Declaração Universal dos Direitos Humanos. Nações Unidas. Acessado em 27 de dezembro de 2023.

Violações sistemáticas de Direitos Humanos na Palestina

Organizações de direitos humanos nos territórios palestinos ocupados registraram inúmeros casos de prisões, visando estudantes e ativistas, por suas postagens em redes sociais. Em Gaza, houve dezenas de prisões, embora os números finais e detalhes específicos permaneçam obscuros. Essas ações representam graves violações de tratados internacionais, especialmente a 4ª Convenção de Genebra, que proíbe de forma explicita prisões arbitrárias, assim como o uso de violência contra civis e o maus-tratos de detidos.

Uso excessivo de força

Desde 7 de Outubro, acompanhadas por uma onda de táticas violentas durante as operações de captura, o número de prisões aumentou. Centenas de casos caracterizam-se pelo uso excessivo de força pelos israelenses. Isso envolve a explosão deliberada de portas residências, gritos contra os moradores, vandalismo proposital, destruição de propriedades dentro dos domicílios e agressão física aos detidos diante de suas famílias. Além disso, as forças de ocupação usam cães em procedimentos de prisão. Há registros de casos em que esses cães, instigados, atacaram moradores ou foram soltos por soldados com a intenção de ferir os detentos. Existem relatos sobre ferimentos graves causados durante as prisões.

Em uma entrevista conduzida com a mãe do detento Bilal Dawood, preso em 16 de outubro de 2023, no Campo de Refugiados de Dheisheh, em Belém, ela relata que, durante a a prisão, a porta de entrada foi explodida enquanto dormiam, estilhaçando as janelas. Em seguida, destruíram, sem motivo, os móveis da casa. O filho foi agredido na sua frente, golpeado com a coronha de um rifle na cabeça, sofrendo sangramento. Durante a cena aterrorizante, enquanto arrastavam o detento, manchando o chão de sangue, sua mãe começou a gritar, até que um soldado israelense tapou sua boca com força, levando ao afrouxamento de sua dentadura, e causando dor profunda.

As ações do exército israelense violam de forma flagrante o segundo parágrafo do Artigo 2° da Convenção contra a Tortura, que afirma: "Nenhuma circunstância excepcional, seja estado de guerra ou ameaça de guerra, instabilidade política interna ou qualquer outra emergência pública, pode ser invocada como justificação para tortura ou outro tratamento cruel, desumano ou degradante."

Mortes durante detenções forçadas

As forças de ocupação israelense, dia 5 de dezembro de 2023, iniciaram a operação de captura do preso Abdullah Mansara, no campo de refugiados de Qalandia - Jerusalém. Quando a família ouviu as vozes dos soldados, seu irmão, Mohammed Mansara, foi abrir a porta. No entanto, a bomba plantada pelas forças israelenses explodiu e Mohammed morreu de imediato, ferindo também sua mãe. As forças israelenses invadiram o local, impedindo a família de se aproximar do filho morto pela detonação. Depois, continuaram com as diligências, como se nada tivesse acontecido, detendo Abdullah.

No contexto dessas operações de prisão arbitrárias e violentas, a declaração de estado de guerra fornece ao exército israelense autorização para perseguir e aplicar várias formas de violência, causando fatalidades. Isso sublinha como a proclamação do estado de emergência cedeu ao exército israelense poder irrestrito para maus-tratos e a opressão dos palestinos, ignorando as leis e regulamentos internacionais ou humanitários no tratamento de detidos ou durante as operações de prisão. Assim, age contra as leis do direito internacional humanitário e o conceito de proporcionalidade das convenções de Genebra, bem como nas convenções de Haia. O 23° artigo da 4ª Convenção de Haia proíbe atos de violência que possam causar sofrimento desnecessário, enfatizando o princípio da proporcionalidade. De acordo com o Artigo 51(5)(b) do Protocolo I Adicional às Convenções de Genebra de 12 de agosto de 1949; "um ataque é desproporcional e, portanto, indiscriminado, se for esperado dele como resultado a perda , de vidas civis, ferimento a civis, dano a objetos civis, ou uma combinação destes, sendo excessiva em relação à vantagem militar concreta e direta."

Agitação online da extrema-direita para detenções de figuras públicas

O surgimento de um grupo no aplicativo de mensagens Telegram, organizado por extremistas israelenses, identificado em hebraico pelo nome "‫צייד נאצים‬ 2023", "Nazi Hunters 2023", em inglês, constituiu grave violação aos direitos humanos, em particular o direito à privacidade. Este bando organizou práticas condenáveis de *doxxing*,[6] incluindo o compartilhamento de fotos, informações pessoais e locais de moradia de palestinos, a maioria dos quais são ativistas, jornalistas ou indivíduos que expressam suas opiniões sobre a Palestina através das redes sociais. Tais ataques cibernéticos contra civis palestinos, através do uso da internet e tecnologias da comunicação, violam os protocolos do pacto de Budapeste, também conhecidos como convenção sobre crimes cibernéticos.[7]

Diversos palestinos foram detidos por essas ações, logo após a divulgação de suas informações pelos israelenses. Esse foi o caso da jornalista S.J. No dia 24 de outubro, sua foto, junto a detalhes como seu nome, residência, local de trabalho, link do perfil no Facebook e uma declaração falsa, rotulando-a como esposa de um terrorista palestino e ativista "nazista", foi compartilhada no grupo de Telegram. Isso levou à sua prisão inesperada, em 5 de novembro, sob acusações de incitação.

O exemplo de A.T. destaca ainda mais a natureza atroz das ações empreendidas pelo grupo extremista israelense no mencionado

---

6 Doxing refere-se à divulgação pública deliberada, por terceiros, de dados pessoais sem consentimento, muitas vezes com a intenção de humilhar, intimidar, assediar ou punir a pessoa em questão.

7 Israel aderiu, tornando-se integrante da Convenção de Budapeste em 2016.

Na Sombra do Holocausto

aplicativo. Em 30 de outubro, eles pediram a prisão de "Nazi A.T.", rotulada, sem fundamentos, como uma "ativista terrorista, que instiga ataques terroristas e o assassinato de judeus." Depois, em 6 de novembro, A.T. foi presa em sua casa. A sequência alarmante de eventos continuou quando o grupo, após a prisão de A.T., deixou as coordenadas de sua residência, com uma fotografia, na mesma plataforma, junto com a declaração "A família (T) nazista mora na vila de Nabi Saleh, é hora de bombardear as casas nazistas pelo ar!!". Além da grave violação de privacidade, a ação também eleva o nível do discurso para um patamar perigoso, incitando a violência e ameaçando a segurança de indivíduos e suas propriedades.

Essas ações, com direcionamento específico, ameaçam não só a privacidade e a segurança das pessoas, mas também representam violações diretas aos seus direitos básicos à liberdade de expressão. Tais atos não atacam apenas os direitos individuais de S.J. e A.T., mas também geram sérias preocupações sobre os diferentes efeitos negativos dessa forma de assédio.

Regime de confinamento na prisão

A ocupação não só isola os presos do mundo externo, mas também atua para isolar os presos palestinos entre si. Cada cela se tornou uma prisão separada por conta da superlotação e das condições difíceis. Antes, todos os presos tinham um período de uma a três horas de pátio, onde podiam caminhar e encontrar outros presos na mesma seção da prisão, mas desde 7 de Outubro, foram privados desse direito. Eles, agora, são retirados em separado por apenas 10 minutos, sem saída ao pátio por mais de 90 dias. Muitos dos atos cometidos pela ocupação israelense contra os presos palestinos ferem os Princípios Básicos do ACNUDH, adotados em 1990 pela Assembleia Geral, que afirma: "Todos os presos devem ser tratados com o respeito devido conforme os princípios da dignidade da pessoa humana. É vedada a discriminação por motivos de raça, cor,

Violações sistemáticas de Direitos Humanos na Palestina

sexo, idioma, religião, opinião política ou outra, origem nacional ou social, propriedade, nascimento ou outro status."[8]

Durante as visitas de advogados, os presos afirmaram não encontrarem mais os outros companheiros, ficando sem informações sobre as condições de saúde de seus colegas. Eles também foram proibidos de sair dentro do raio interno do presídio, o que, na prática, transformou suas celas em confinamento. Como forma de punição coletiva, todos os eletrodomésticos e ferramentas foram confiscadas, assim como travesseiros, cobertores e roupas, em violação do artigo 90 dos Princípios Básicos do ACNUDH, que afirma: "Quando detidos, os presos devem receber todas necessidades de vestimenta, calçados e muda de roupas íntimas, assim como, quando preciso, ter acesso as trocas necessárias."[9] Segundo Yazan Mansour, detido na Prisão de Ofer, os presos foram forçados a usar as mesmas roupas por quase cinquenta dias, algo inadequado para o frio extremo de dezembro.

Nessas mesmas visitas, foram observadas instâncias em que as janelas haviam sido removidas pelo Serviço Prisional de Israel (Shabas), expondo alguns quartos ao vento e à chuva. Dada a oferta insuficiente de roupas de inverno e cobertores nos quartos, esses espaços tornam-se frios ao extremo, violando o artigo 85 dos Princípios Básicos do ACNUDH, que declara: "A autoridade coativa está obrigada a tomar todas as medidas necessárias e possíveis para garantir que as pessoas sob sua custódia sejam, desde o início de sua internação, acomodadas em edifícios ou alojamentos que ofereçam toda a proteção possível em termos de higiene e saúde, proporcionando abrigo eficiente contra os rigores do clima e os efeitos da guerra."[10] Isso é de

8 Princípios básicos para o tratamento de prisioneiros | OHCHR. (s.d.). https://www.ohchr.org/en/instruments-mechanisms/instruments/basic-principles-treatment-prisoners

9 Tratados, Estados Membros e Comentários, Convenção (IV) relativa à Proteção de Pessoas Civis em Tempo de Guerra. Genebra, 12 de agosto de 1949., Artigo 90 - Vestuário, https://ihl-databases.icrc.org/en/ihl-treaties/gciv-1949/article-90?activeTab=undefined

10 Tratados, Estados Partes e Comentários, Convenção (IV) relativa à Proteção de Pessoas Civis em Tempo de Guerra. Genebra, 12 de agosto de 1949., Artigo 85 - Acomodação, higiene, https://

Na Sombra do Holocausto

alta importância, dado que muitos presos doentes precisam de atendimento médico e de necessidades básicas para a vida, como roupas quentes e cobertores, para suportar o inverno.

Política de Fome

Desde 7 de Outubro, as penitenciárias transformaram-se em palcos de crueldade e brutalidade acelerada. Não apenas opressivas, mas como instrumentos para torturar os presos palestinos, vingando-se deles em múltiplas formas. O Serviço Prisional de Israel (Shabas) iniciou uma política de fome, reduzindo as três refeições diárias regulares para cada preso para apenas duas – e não apenas escassas em quantidade, mas também de má qualidade. Segundo ACNUDH, nas Regras Mínimas para o Tratamento de Presos, sessão 'Alimentação', proclama: (1) Todo preso deve receber, da administração penitenciária, em horário habitual, alimentos de valor nutricional adequados para sua saúde e bem-estar, de qualidade saudável, cozinhados e servidos. (2) Água potável deve estar sempre disponível para cada preso.[11]

Através das múltiplas visitas de advogados às prisões da ocupação israelense, a *Addameer* recebeu, desde 7 de Outubro, informações documentando a realidade sombria enfrentada pelos presos: apenas duas refeições por dia, baseadas em um pequeno copo de iogurte, um pão e um punhado de tomates para o café da manhã, e um prato reduzido de arroz com uma salsicha para a segunda refeição. Pior, os pratos são entregues em números bastante reduzidos comparados à contagem real dos presos em inúmeras prisões. Nas muitas celas com oito presos, por exemplo, apenas quatro refeições eram fornecidas para o café da manhã e almoço, obrigando os detentos a compartilhar porções inadequadas.

ihl-databases.icrc.org/en/ihl-treaties/gciv-1949/article-85

11 Relator Especial sobre o Direito à Alimentação | Ohchr. (s.d.-b). https://www.ohchr.org/en/special-procedures/sr-food

Violações sistemáticas de Direitos Humanos na Palestina

J.K., que pesava 78 kg antes de 7 de Outubro, e agora com 55 kg, disse em uma visita que as refeições não eram apenas escassas e de má qualidade, mas também sujas. Algumas estavam contaminadas com poeira e cabelo, e em várias ocasiões, os presos receberam alimentos estragados, incluindo ovos e outras comidas.

Os refrigeradores de água dentro das prisões foram retirados desde 7 de Outubro, forçando os presos a beber água da torneira, que eles relataram imprópria e de cor amarelada. Casos de fungos apareceram na Seção 18, Sala 6, da Prisão Ofer, sugerindo potencial deterioração na saúde médica dos presos, devido à má qualidade de comida e água.

Os detentos relataram que as poucas vezes em que foram servidas carne ou frango em vez de salsichas com arroz, a qualidade era inadequada, imprópria para consumo por ausência de preparo. Além disso, com todas as ferramentas, utensílios de cozinha e pertences pessoais confiscados pela ocupação, os presos não conseguiram sequer tentar consumir a comida mal cozida.

Ataques dentro das celas

Desde 7 de Outubro, persistem ataques sangrentos e brutais, marcados por severos espancamentos diários. A unidade de repressão especializada 'Metsada' iniciou uma campanha de ataques e incursões nas celas, sujeitando os presos à opressão, causando inúmeras lesões, independente da idade ou condição de saúde.

Sinais visíveis de espancamentos, com alguns detentos com olhos inchados e outros com fraturas nas mãos ou dedos, foram documentados e observados durante inúmeras visitas de advogados.

Durante uma visita documentada por um deles, um preso[12] relatou um incidente no dia 15 de novembro de 2023, quando a unidade "Nahshoun"[13] invadiu a prisão, levando cerca de 70 deles

---

12 Bilal Arman - 24 anos. Prisão de Ofer.

13 "Em hebraico, o termo 'Nahshon' significa força, firmeza e austeridade. A unidade Nahshon foi criada em 1973, denominada'Unidade de Segurança e Instruções'. Suas funções incluem escoltar 'presos criminosos e terroristas'. Formada por 800 combatentes, a unidade está submetida à

à força para um ônibus superlotado, sem ventilação, sufocando os detidos. Depois, foram forçados a deitar no chão com os olhos fechados em uma área aberta, onde cada preso passou a ser submetido a um interrogatório por um oficial do Serviço Geral de Segurança (Shabak). Foram espancados, amarrados com correntes com as mãos nas costas e, e ao som de músicas hebraicas, interrogados, segundo descrição desse preso, por 25 minutos, enquanto enfrentava ameaças e sofria abusos físicos no seu peito, pescoço e rosto.

Condições difíceis de vida e ações retaliatórias viraram eventos persistentes. Muitos detentos narraram, desde 7 de Outubro às 21h, a queima periódica de lixo entre as seções internas da prisão, gerando um forte odor desagradável e fumaça densa. Este ato deliberado causa desconforto e sufocamento, enquanto os soldados usavam máscaras. Presos de várias seções confirmaram que o Serviço Prisional de Israel entrou em celas com o pretexto de treinar soldados para extinguir incêndios, pulverizando com água os presos, molhando ainda seus colchões e suas áreas de dormir.

O preso Mahmoud Al-Qatanani, encarcerado na Prisão de Al-Naqab, documenta que desde 7 de Outubro, uma equipe especial, conhecida como "Keter", tem entrado na sua cela quase todos os dias. Ela é conhecida por invadir as celas, equipados com armas e barras de ferro, acompanhados por cães amordaçados. Apesar da mordaça, esses cães têm garras afiadas, que ferem os presos. Esses têm sido espancados com brutalidade com as barras de ferro por longos minutos, resultando em fraturas em várias partes de seus corpos. Expor prisioneiros a táticas de tortura viola o Artigo 5 da Declaração Universal dos Direitos Humanos,

---

direção do Serviço Prisional de Israel, exército, polícia e segurança pública. Nahshon encontra-se entre as principais unidades militares israelenses. Foi criada com a especificidade de garantir o controle das prisões, subjugando as chamadas 'rebeliões'. Seus membros especiais portam um uniforme distinto, com uma etiqueta descrevendo-os como 'Segurança Prisional'. Incluem militares com formação física encorpada e experiência de combate, vindos de diferentes setores militares nas forças de ocupação israelenses. Eles também possuem habilidades técnicas em artes marciais, incluindo o uso de diferentes tipos de armas e equipamentos, com treinamento específico para confrontos diretos. Seus integrantes recebem treinamento especial sobre como reprimir qualquer 'rebelião' prisional." *Aggressions by Special Units of the Israeli Prison Service against Prisoners and Detainees during Transfers and Raids* (Addameer, Associação de amparo aos presos políticos palestinos, 2014).

Violações sistemáticas de Direitos Humanos na Palestina

que reitera: "Ninguém será submetido a tortura ou a tratamento ou castigo cruel, desumano ou degradante." Já o artigo 7 do Pacto Internacional de Direitos Civis e Políticos enfatiza que ninguém será submetido a tortura.

Negligência médica deliberada

Uma das políticas repetidas da ocupação dentro das prisões são as negligências médicas deliberadas. Prática recorrente ao longo dos anos, desde 7 de Outubro, com a escalada dos ataques aos presos, incluindo espancamentos e intrusões sucessivas às suas celas por unidades especiais, intensificaram-se as lesões e o sofrimento dentro das prisões, ao lado da omissão médica crescente.

Isso inclui a negação, aos presos doentes, de acesso às clínicas médicas, consultas ou medicamentos. A incúria estende-se aos que sofrem de distúrbios psicológicos. Um preso de 40 anos, M.S., portador da doença de Behçet e de pressão alta, afirmou durante uma visita que, apesar de seus pedidos contínuos por medicação, não recebeu o tratamento necessário. Já Asif al-Rifai, paciente com câncer, contou que, embora tenha recebido quimioterapia, a dosagem foi inadequada ao seu corpo, levando-o ao desmaio. São escassos também os alimentos para os pacientes, exacerbando seus problemas de saúde. A negligência das necessidades médicas e de saúde viola o artigo 12 do Pacto Internacional sobre Direitos Econômicos, Sociais e Culturais, que enuncia: "Os Estados integrantes do presente Pacto reconhecem o direito de toda pessoa desfrutar do mais elevado padrão possível de saúde física e mental."

Em declaração juramentada, do preso Emad Al-Din Monthir Mohammed Abu Wardeh, de 35 anos, cardíaco, todas as violências citadas acima estiveram presentes ao longo de seu encarceramento. Ele relatou da seguinte a forma sua experiência:

> *Tenho um visto para trabalhar dentro de Israel, no setor de construção civil, na cidade de Haifa. Ficava em um alojamento em Nazaré, visitando minha família em Jaba-*

lia a cada poucos meses. No dia 9 de outubro de 2023, à 1:00 da manhã, no abrigo em que vivia em Nazaré, junto a um grupo de 7 trabalhadores de Dar Rayhan e Azam... fomos invadidos por um bando vestindo trajes militares, verde-oliva. Eles estavam mascarados e armados, cerca de 15 indivíduos. Depois de derrubarem a porta, nos atacaram. Dissemos que tínhamos vistos de trabalho, mas eles nos jogaram no chão. Começaram a nos bater com rifles, cacetetes e seus próprios punhos, pisando nas nossas cabeças. O foco das agressões era meu peito. Depois, senti que fraturara a caixa toráxica, devido à dificuldade em respirar. As agressões miravam a cabeça e o peito, junto com cuspidas e uso de linguagem de baixo calão e ofensiva contra nós. Eles permaneceram ali por cerca de uma hora, conduzindo buscas e vandalizando o lugar. Quebraram e danificaram parte do alojamento, enquanto nos espancavam sem parar.

Depois, nos vendaram, e eu, junto aos outros, tive um lenço colocado sobre minha cabeça. Ficou difícil respirar com normalidade porque estava todo coberto. Tenho também problemas cardíacos, então pedi que removessem o lenço. Eles recusaram, e um deles colocou sua arma na minha nuca e ameaçou me matar. Eles me prenderam com algemas descartáveis e sem sapatos. Permaneci neste estado por 20 dias sem roupas e descalço. Depois, fomos transferidos para a delegacia de polícia em Nazaré, onde nos colocaram em uma sala e nos jogaram no chão. A agressão contra nós continuou depois que nos amarraram com algemas provisórias, com braços por trás. Eles usaram todas as ferramentas que tinham para nos espancar. Claro, eu estava zonzo, e não podia reconhecer ninguém, nem seus rostos, nem as vestimentas. Um deles começou a pular nas minhas costas e me bateu com um cacetete no peito

Violações sistemáticas de Direitos Humanos na Palestina

e com uma espingarda na cabeça, junto com pancadas e cuspidas. Eles também usaram um tipo de bastão para nos agredir nas costas. Um deles esfregou meu rosto no chão com o cacetete. Nossas mãos estavam amarradas atrás das costas. Estávamos deitados de bruços.

Sofremos essa situação contínua de agressões até por volta das sete, oito da manhã, quando enfim nos levaram a uma interrogadora da Polícia. Ela nos perguntou sobre trabalhar em Israel sem um visto, e confirmamos que tínhamos vistos. Esse foi o centro do questionamento. Depois, fomos levados para uma cela na mesma delegacia de polícia em Nazaré, ficando lá por três dias. No terceiro dia, fomos colocados diante de um juiz por videoconferência. Havia um advogado nomeado pelo Estado conosco, cujo nome não recordo. O juiz decidiu nos libertar, mas na delegacia, nos informaram que não nos libertariam até o final da guerra.

Este espaço tinha apenas uma sala sem água potável. Não havia muda de roupas, nem sabão, nem instalações para banho. As dimensões da cela eram de 3×2 metros. Éramos 14 dentro dela, dormindo no chão de ladrilhos. Davam-nos um pequeno sanduíche de manhã e outro à noite, minúsculos e sem recheio. Havia apenas um banheiro, sem porta nem toalhas. Durante três dias, dormimos no chão sem cobertas. Permaneci descalço e algemado, sem receber troca de roupas. Não contamos ao investigador nem ao juiz que fomos agredidos. Todos nós precisávamos de tratamento médico, e eu ainda mais, porque sentia que minhas fraturas no peito estavam se movendo. Não fomos levados a um médico, nem recebemos qualquer tratamento. Os outros presos também, um chamado Tareg Al-Aaloul, ele foi espancado com gravidade no rosto, seus olhos estavam inchados. Ele tampouco recebeu cuidados médicos, a despeito

Na Sombra do Holocausto

de nossos pedidos. Depois do terceiro dia, eles nos transferiram, com as mãos atrás das costas, amarradas, assim como as pernas, e os olhos vendados. Juntaram os presos de mais de uma delegacia de polícia, porque muitos estavam em outros lugares. Eles nos transportaram em um ônibus, e é claro, durante o trajeto, eu e todos os outros trabalhadores fomos espancados, agredidos e humilhados.

Durante o transporte, ficamos vendados e atordoados. Então fomos levados para uma prisão com pátios. No meio de cada um, havia uma grande tenda com uma área com algo em torno de 150 metros quadrados, no terreno com cerca de 500 metros quadrados. Eles colocaram de 230-250 pessoas na tenda em que eu estava. Mais tarde, soubemos que esta era a Prisão de Ofer. Cada pátio tinha no seu entorno uma enorme cerca de ferro, com uns 5 metros de altura. Entre ela e os pátios, havia uma tela de metal, com guardas de vigia. Não sabíamos o que havia nas outras tendas porque estavam separadas umas das outras, mas às vezes podíamos ouvir o que diziam. O chão era de areia, com uma camada de cascalho. Eles nos deram cobertores e colchões, mas não o suficiente para todos. Claro, não havia travesseiros. Como a tenda não acomodava todo mundo, alguns dormiam do lado de fora. Estava muito frio, e eles sem colchões nem cobertores. Choveu sobre nós mais de uma vez, então entramos e ficamos de pé, porque não havia espaço para dormir. As tendas não tinham nada, então nos cobríamos com o mesmo cobertor em grupos de quatro. Nos últimos cinco dias antes de sermos soltos, devido aos nossos pedidos e pelo frio severo, eles nos deram sacos de dormir, jaquetas, cobertores extras, e no meu caso, sapatos.

Os presos entravam e saiam todos os dias. As tendas não estavam limpas. Recebíamos um pequeno sanduíche de manhã ou por volta das 14h, e outro à noite. Eram san-duíches muito pequenos e sem recheio. Nos últimos cinco dias antes de sermos soltos, eles começaram a nos fornecer apenas uma refeição: um sanduíche para o café da manhã e um prato para o almoço ou jantar. A comida era escassa e ruim. Além disso, nos deram um sabonete e um balde. Os chuveiros estavam disponíveis no pátio, mas a água era fria demais. Eles não nos deram troca de roupas, apenas jaquetas, então eu não tomei banho durante todo aquele período. Em alguns casos de pessoas com doenças crôni-cas, eles foram levados às clínicas, caso tivessem diabetes ou problemas cardíacos. Depois de muitos atrasos e inúme-ros pedidos, eles foram encaminhados, mas a maioria foi submetida a espancamentos quando saíram. Eu não pedi, por medo de apanhar. Tenho problemas cardíacos e uso um inalador, mas me recusei a pedir porque seria vendado, amarrado e agredido. Isso aconteceu algumas vezes diante dos meus olhos. Às vezes, pegava analgésicos dos que iam à clínica, apenas para aliviar a dor. Em Ofer, nós bebía-mos água do banheiro. A luz ficava acesa dia e noite, com holofotes grandes e brilhantes. Cerca de oito guardas nos monitoravam continuamente. Não passamos em nenhum tribunal depois de chegar em Ofer. Os guardas diziam: "Vocês são o inimigo, estamos em estado de guerra, vocês não serão soltos." Não sabíamos nada sobre Majed Zaq-qout, o mártir, não o conhecemos. Ouvi falar de um tra-balhador de Dar Al-Ataar através dos companheiros, dis-seram que ele foi torturado. Na sexta-feira, 3 de novembro de 2023, à meia-noite, fomos acordados, e eles nos pediram para arrumar as barracas. Trouxeram cerca de 20 ônibus regulares. Antes de sairmos, organizamos todas as coisas: cobertores e colchões. Éramos revistados em dupla, com os olhos vendados e algemados para trás, de forma muito do-lorida. Eles nos colocaram nos ônibus, e não sabíamos para onde estávamos indo entre uma e sete da manhã. Durante todo o trajeto, sentia dor, mas quando eu reclamava, eles gritavam comigo para eu ficar quieto, e então permanecia em silêncio, com medo de mais espancamentos.

Chegamos ao cruzamento de Karm Abu Salem às sete da manhã. Um soldado mascarado nos disse: "Vocês terão de andar 1 quilômetro para chegar à Faixa de Gaza." Ficamos felizes e dissemos: "Claro." No entanto, acabamos andando cerca de 3 quilômetros. Os soldados na fronteira nos disseram que aqueles que viviam nas regiões central e sul poderiam ir, mas os do Norte não, por se tratar de uma zona de guerra. Minha família está no Norte, e eu moro agora com alguém que conheço na região sul. Somente na sexta-feira, no meu primeiro dia solto, descobri o que aconteceu com eles. Graças a Deus, toda minha família está bem, mas os bombardeios estão próximos. Até agora estou em um lugar, e eles em outro. Claro, a ocupação roubou tudo o que eu tinha, incluindo dinheiro, identidade, pertences e meu telefone, desde o início da prisão e do ataque, e eles não nos devolveram nada. Escrevi meu nome nas mãos para que soubessem quem eu era, caso me tornasse um mártir. Tenho um tio chamado Mohamed Abu Samra que foi preso, e até hoje, nada se sabe sobre seu paradeiro. Ao que tudo indica, mais de 2000 trabalhadores foram soltos, mas há jovens que perdemos, e eles não estavam conosco na hora da liberação.

Isolamentos Forçados e Desaparecimentos

Antes e depois do 7 de Outubro, a ocupação tem se esforçado ao máximo para esconder os sinais de tortura e as violações de direitos humanos dos presos palestinos. Hoje, aprofundam violações do direito internacional, ao impedir que os presos tenham acesso a advogados e proibindo visitas de seus familiares. Muitos advogados

Violações sistemáticas de Direitos Humanos na Palestina

e parentes não têm informação alguma sobre o estado de saúde de seus entes queridos ou nem mesmo de seus locais de detenção.

Após a guerra, todos os procedimentos legais relacionados aos presos e ao sistema prisional mudaram. As autoridades israelenses estão dificultando ao extremo o encontro entre advogados e seus clientes nas prisões, implementando extensões e restrições. Isso é feito para isolar os detidos do mundo exterior. Em geral, as famílias têm permissão para ver seus familiares duas vezes por mês. No entanto, nenhuma visita tem sido permitida. Diversos advogados têm enfrentado inúmeras dificuldades para entrar nas prisões. Um deles, por exemplo, marcou atendimento por cinco vezes na prisão de Ramon, apenas para ficar esperando por horas a fio. A ocupação israelense anunciava que havia uma "emergência" e o fazia sair. Outro fez quatro tentativas de se encontrar com seu cliente detido em Nafha e recebeu a mesma orientação, sendo instruído a sair após esperar por várias horas. No geral, a prisão de Majedo é a mais afetada em termos de limitações e restrições impostas aos advogados de diferentes organizações que tentam ver os presos. Elas não são aplicadas apenas aos familiares e advogados, às próprias organizações de direitos humanos, também barradas. Uma declaração do Comitê Internacional da Cruz Vermelha alertou que "O CICV não conseguiu visitar nenhum preso palestino detido nos espaços de detenção israelenses desde 7 de Outubro."[14]

Como observado por advogados de diferentes organizações de direitos humanos, aumentaram a frequência de transferência dos presos. Esta é uma das muitas razões pelas quais os advogados não conseguem se encontrar com os detidos. Os advogados são informados que o preso está em um determinado centro prisional apenas para, chegando lá, dizerem que foi transferido para outro lugar. Esta é uma tática utilizada com regularidade pela ocupação israelense para esconder as evidências de tortura.

Execuções públicas de presos

---

14 *'Debunking harmful narratives about our work in Israel and the occupied Palestinian territory (Middle East/Israel). (2023)'.*

Desde 7 de Outubro, a intensidade da violência contra presos palestinos levou à morte de 12 deles dentro dos complexos de detenção. Thaier Abu Asab, de 38 anos, foi morto em Al Naqab, dia 19 de novembro de 2023. Em seguida, Abdul Rahman Mar'ii, 33 anos e pai de quatro filhos, foi dado como morto na Prisão de Megiddo, em 14 de novembro. No dia 23 de outubro, Omar Daraghmeh, de 58 anos, foi relatado morto em Megiddo. Arafat Hamdan, 25 anos, morreu a 24 de outubro, apenas dois dias após ser preso em Megiddo. Majed Zaqool, de 32 anos, de Gaza, perdeu a vida na Prisão de Ofar, dia 6 de novembro. O mártir mais jovem foi Abdul Rahman Al-Bahsh, de 23 anos, morto dia 1º de janeiro de 2024, em Megiddo. A identidade do sétimo mártir permanece desconhecida, as únicas informações disponíveis indicam sua origem de Gaza. Os mártires de 2024 são: Ezz al-Din Ziyad Abdul-Banna, homem de 40 anos de Gaza, detido na Prisão de Al-Ramlah, Mohammad Ahmad Ratib Al-Sabar, jovem de 21 anos de Hebron detido em Ofer, Khalid Musa Jamal al-Shawish, de 53 anos, de Tubas que estava em Nafha, Asif Rifaii, outro jovem de 21 anos de Ramallah, que sofria de câncer e foi detido na prisão de Al-Ramlah. A morte mais recente é o martírio de um idoso de 78 anos, Ahmad Qadeh, de Gaza, detido em um acampamento militar desconhecido.

Com a agonia de Ahmad Qadeh, o número de mártires do movimento dos presos subiu para 250 desde 1967, com 23 mártires, cujos corpos ainda estão retidos pela ocupação. Tal medida vai contra o direito internacional e humanitário, bem como contra as crenças religiosas e culturais dos palestinos. Contudo, não há responsabilidade atribuída a Israel. Essa tática comum praticada por Israel impede que as famílias palestinas façam um enterro adequado de seus parentes falecidos. Sendo assim, a retenção dos corpos é outra forma de punição coletiva, que viola a Convenção das Nações Unidas contra a Tortura.

As forças de segurança israelenses ameaçam os presos de

Violações sistemáticas de Direitos Humanos na Palestina

espancamento, para ocultar as violações de direitos humanos que ocorrem dentro das celas superlotadas. Isso foi registrado no depoimento de Mahmoud Qatanani, de 19 anos, detido em Al Naqab, que testemunhou o assassinato de um de seus companheiros de cela, Thaier Abu Asab. Em seu testemunho, ele afirma:

Dia 18 ou 19 de novembro de 2023, por volta das 18 horas, quando éramos dez presos na cela 10, Setor 27, os guardas invadiram a cela agredindo a todos. Então, a unidade especial Ketir[15] entrou, com cerca de 20 indivíduos, incluindo guardas e integrantes da unidade. A Ketir estava armada, usando barras de ferro para bater e reprimir os presos. Após quase 5 minutos de espancamento e agressões, eles saíram, deixando todos nós cobertos de sangue, caídos no chão. Depois de se retirarem, Tha'er Abu Asab (morto dentro da prisão) estava caído no chão, sangrando, imóvel e sem qualquer sinal de pulso. Apesar de chamarmos os guardas, eles nos ignoraram. Apenas uma enfermeira chegou após 10 minutos e disse: "Se ele morrer, o levaremos." Perto de duas horas depois, como previsto durante a verificação da cela pelos guardas, por volta das 20 horas, Tha'er foi movido pelos guardas e membros da unidade especial. Momentos depois, fomos informados de que ele havia falecido. A enfermeira mencionada chamava-se Ala'a Ashqar... Um dia após o martírio de Tha'er, fomos todos interrogados individualmente pelo serviço de inteligência. Primeiro, o oficial me perguntou: "Você viu o guarda que o espancou?" Eu respondi: "Não, porque eles estavam usando máscaras." Em seguida, eles nos pediram para adotar uma versão afirmando que o prisioneiro Tha'er Abu Asab morreu devido a um problema entre nós dentro da cela, insinuando que éramos responsáveis por sua morte. Todos nós nos recusamos, e eu declarei que isso era impossível e não aconteceria. No dia

---

15 Forças especiais israelenses da prisão de Naqab.

Na Sombra do Holocausto

30 de novembro, por volta das 8:00 da manhã, um guarda veio até a sala, me chamou pelo nome e informou que seria transferido, sem especificar meu destino. Fui então algemado com os braços para a frente, tirado da seção e entregue à unidade Ketir. Um dos seus membros apertou com severidade as algemas, torcendo minha mão e causando dor. Quando reclamei, um dos membros da unidade Ketir me bateu duas vezes no rosto em um ponto do ambiente, "onde não havia câmeras." Em seguida, me levaram até a sala de espera, onde estavam três outros detidos, e nenhum de nós sabia para onde seriamos transferidos. Depois, eles nos levaram individualmente para uma sala de inspeção sem câmera e sem porta. A inspeção foi feita enquanto estávamos nus. Fui ordenado a remover todas as minhas roupas. Eles me obrigaram o tempo inteiro a ficar em pé e sentar e abrir as pernas, enquanto um deles batia nas áreas sensíveis do meu corpo com um dispositivo de inspeção manual. Além disso, o inspetor segurava um bastão com um espelho na ponta, e quando ele exigia a repetição do "gesto", colocava o bastão embaixo, tudo isso para me humilhar. Depois, eles nos entregaram à unidade Nahshon e nos escoltaram até o 'al-Bosata', o veículo de locomoção para detidos. Eles me colocaram lá junto com outros três jovens, em um compartimento muito apertado, ligando o ar condicionado para nos congelar de frio. Ficamos lá por cerca de 4 horas, com o ar no máximo. Durante toda a viagem, eles abriam a ventilação da porta, borrifavam perfume e proferiam agressões verbais. Quando chegamos à prisão de Ofer, antes de sermos retirados da Bosata, integrantes da Nahshon entraram na unidade de transporte e começaram a nos bater na cabeça e a usar linguagem de baixo calão e ofensiva. Um integrante da Nahshon ficou conosco até confirmar nossos nomes, então nos entregou aos guardas em Ofer. Lá, eles tiraram nossas impressões digitais mais uma vez, e fui leva-

Violações sistemáticas de Direitos Humanos na Palestina

do a um oficial que se apresentou como sendo da região de Gaza. Assim que entrei, ele me disse: "Você vai para Gaza", indicando que eu seria deportado para lá. Ele me ameaçou, dizendo: "Você vai desaparecer, eu prometo que você vai desaparecer se fizer alguma coisa." No final da reunião, ele me pediu para assinar um papel escrito em três idiomas: hebraico, árabe e inglês. Eu recusei, mas ele assinou em meu nome com sua própria caligrafia. Me mantiveram, junto com outros 30 jovens, em uma sala de espera muito fria e com o chão molhado. Ficamos lá até sermos entregues aos funcionários da Cruz Vermelha, por volta da meia-noite.

Outro caso documentado envolve o mártir Abed El Rahman Mar'ii, que conta com provas trazidas em um relatório forense inicial não concluído. O relatório sustenta a afirmação de que presos foram mortos pela brutalidade das agressões. O médico responsável afirmou no relatório:

Estive presente hoje na autópsia do falecido Sr. El Rahman Mar'ii, que morreu na prisão de Megido, dia 13 de novembro de 2023. No documento do tribunal Israelense que me foi apresentado pela organização Médicos pelos Direitos Humanos (Physicians for Human Rights Israel - PHRI) antes da autópsia, foi relatado marcas antigas e novas de contusões no corpo do falecido, bem como sinais de doença (icterícia), todos os quais podem ter contribuído a morte. Em um relatório policial adicional que me foi apresentado no Instituto Forense no dia da autópsia, estava documentado que "contenção forçada" foi usada no Sr. El Rahman Mari seis dias antes de sua morte. A autópsia foi um procedimento minucioso e completo, feito de acordo com as regras vigentes. O corpo foi fotografado antes e durante a autópsia. Foram observados hematomas no peito esquerdo, assim como costelas quebradas e fratura interna no tórax.

Hematomas externos nas costas, nádegas, braço e coxa esquerdos, e no lado direito da cabeça e pescoço, sem fraturas internas. Não houve ferimentos em órgãos internos, como os pulmões, baço, fígado e cérebro, que foram encontrados intactos, sem sangramento interno. Infelizmente, não foi encontrada nenhuma causa específica de morte no exame macroscópico, mas outros testes laboratoriais serão realizados, com potencial eventual de alterar essa conclusão. Como não foram encontrados sinais de doença prévia, e com base em seu histórico de jovem pessoa saudável, é presumível que a violência sofrida, evidenciada pelos múltiplos hematomas e múltiplas fraturas graves das costelas, contribuíram para sua morte. Uma arritmia cardíaca (pulso irregular) ou mesmo um infarto agudo do miocárdio (ataque cardíaco) pode resultar de tais lesões, sem deixar evidências físicas.

A Comissão de Assuntos de Detentos e Ex-Detentos e a Sociedade dos Presos Palestinos relataram que o tribunal da ocupação israelense decidiu abrir uma investigação imediata sobre o caso do martírio dos quatro presos Abed El Rahman Mar'ii[16] , Thaier Abu Asab, Abdul Rahman Al-Bahsh[17] e Omar Daraghmeh. No entanto, com base nos dados históricos, nos julgados precedentes dos últimos anos e nos episódios acompanhados por várias organizações, observa-se que 99 de 100 casos iniciados e investigados pelo tribunal israelense são arquivados, por alegação de evidências insuficientes. Essa tendência infeliz indica uma falta de responsabilização, pois não há repercussões ou medidas punitivas impostas aos executores. "Anos de experiência revelam que as vítimas palestinas têm poucas chances de ver a justiça ser cumprida e que a hipótese dos israelenses serem responsabilizados por

---

16 *Israeli Court to Open Investigation into Death of Palestinian Detainee (...)*, 11 de dezembro de 2023. Disponível em https://english.wafa.ps/Pages/Details/140017.

17 *Israeli Court to Open Investigation to Look into Circumstances Behind ...*, 2 de janeiro de 2024. Disponível em https://english.wafa.ps/Pages/Details/140442.

Violações sistemáticas de Direitos Humanos na Palestina

suas ações também é minúscula."[18] Nesse contexto, a Comissão e a Sociedade dos Presos Palestinos enfatizaram que exigir uma investigação sobre as circunstâncias dos martírios não significa depositar esperança por justiça nos tribunais da ocupação, enquanto seguem aguardando as decisões do tribunal.

A primeira sessão do tribunal ligada às investigações sobre as mortes dos presos foi realizada dia 15 de janeiro. Durante a sessão, foi declarado que as evidências relacionadas às agressões contra o preso Abed El Rahman Mar'ii indicam concluir que ele foi executado através de espancamentos brutais pela polícia da administração prisional, dia 7 de novembro. A Autoridade de Assuntos Carcerários revelou que entre os dias 7, após o exame inicial, e 13, quando Abed El Rahman Mar'ii faleceu, ele não foi reexaminado e não recebeu tratamento ou medicação, apesar da clínica da prisão saber que a agressão sofrida causou danos aos pulmões.

Violência de gênero, abuso e assédio sexual

A ocupação Israelense tem plena consciência das questões de estigma para homens e mulheres palestinos, assim como de honra e a importância da integridade do corpo. Isso é relevante, em particular nas sociedades árabes. As ameaças direcionados às mulheres detidas e presas envolvem, sobretudo, essas questões.

Muitos depoimentos de vítimas femininas incluem aspectos de assédio sexual, ameaças de estupro e revistas íntimas forçadas dentro das prisões, e até mesmo na frente de seus próprios filhos durante invasões domiciliares. Todos esses são métodos de coerção realizados para fazê-las sentirem-se impotentes e emprestar à ocupação a sensação de controle sobre as mulheres e seus corpos. Abuso de autoridade e poder, a partir dos medos das vítimas. As revistas íntimas violam o princípio do Artigo 10 (1) do Pacto Internacional sobre Direitos Civis e Políticos, que decalra: "Todas as pessoas privadas de liberdade serão tratadas

---

18 *No Accountability*. B'TSELEM, 11 de novembro de 2017. Disponível em www.btselem.org/accountability.

Na Sombra do Holocausto

com humanidade e com respeito, segundo a dignidade inerente à pessoa humana." [19]

Depoimentos de vítimas, homens e mulheres, como documentado, incluem casos perturbadores de assédio sexual dos detidos pelas forças israelenses. O.J., um preso de Jerusalém em Ofar, durante entrevista, lembrou de detalhes da revista íntima à qual foi submetido. Ele relatou que os oficiais da ocupação acariciavam de forma repetida suas partes íntimas, sob a desculpa de uma busca minuciosa. Eles o fizeram sentar e levantar várias vezes enquanto estava completamente nu. Além disso, a sala tinha janelas sem proteção de vidro, com o vento frio entrando na sala.

Outra vítima, H.H. de Jerusalém, narra que as forças de ocupação israelenses arrombaram a porta de sua casa às 2 horas da manhã, e entraram em seu quarto, cercando sua cama enquanto ela dormia. Ele gritou e pediu permissão para cobrir a si mesma e aos seus cabelos com o hijab e a abaya, mas os oficiais negaram. H.H., sua filha e a neta recém-nascida de duas semanas, estavam sozinhas em casa, cercadas de todos os lados por soldados israelenses homens, sem a presença de uma única soldada. Eles ordenaram que despissem o bebê para procurar o seu telefone. Eles também exigiram que a filha de H.H. se despisse para que eles também a revistassem. Sua filha recusou, exigindo que trouxessem soldadas mulheres se quisessem que isso fosse feito. Os soldados recusaram e ameaçaram-na com um choque. Durante todas essas ações atrozes, H.H., a mãe, estava sendo xingada e cuspida de forma seguida no rosto. Um dos soldados ficou cara a cara com ela e cuspiu uma grande quantidade de saliva, cobrindo todo o seu rosto e óculos. Ela lembra que o cheiro era muito ruim e pediu para lavar o rosto, o que eles recusaram. Os soldados continuaram a assediar H. H. e a arrancar páginas do Alcorão. Eles também começaram a vasculhar seus pertences pessoais, como roupas íntimas, e distribuí-los, enquanto riam. Em seguida, o soldado sussurrou-lhe ao ouvido

---

19 *International Covenant on Civil and Political Rights* | OHCHR. Disponível em https://www.ohchr.org/en/instruments-mechanisms/instruments/international-covenant-civil-and-political-rightsm.

Violações sistemáticas de Direitos Humanos na Palestina

ameaças de assédio sexual em árabe. Eles bateram nela em todas as partes do corpo, em particular no rosto, enquanto suas mãos e pés estavam amarrados. Ela foi então transferida para o centro de interrogatório, onde foi levada para uma sala e ameaçada por um soldado de estupro "pela frente e por trás".

O Estatuto de Roma do Tribunal Penal Internacional (TPI) reconhece formas de violência sexual, como o estupro, enquanto crimes de guerra e crimes contra a humanidade. O Artigo 7(1) do TPI lista "estupro, escravidão sexual, prostituição forçada, gravidez forçada, esterilização forçada ou qualquer forma de violência na esfera sexual de gravidade comparável" a crimes contra a humanidade. Estes atos de obrigar homens e mulheres a despirem-se e a tocá-los de forma inadequada, sob o pretexto de revista de segurança, são cometidos com a intenção de constrangimento e assédio sexual de palestinos de ambos os sexos.

Violência contra crianças

A violência e os atos bárbaros da ocupação israelense não conhecem limites de idade, atingindo a todos, sem poupar as crianças. A obrigação de garantir o crescimento, o bem-estar e a dignidade dos menores está na raiz da responsabilidade legal prevista no direito internacional de proteção à infância. Pela idade e dependência, elas são mais vulneráveis à discriminação, exploração e abuso. Os ordenamentos jurídicos internacionais enfatizam a necessidade de dar a elas proteção e cuidados integrais para mantê-las seguras, o que está previsto na Convenção das Nações Unidas sobre os Direitos da Criança. Afirma a convenção no artigo 6(1)(2): "(1) Os Estados Partes reconhecem que toda criança tem o direito inerente à vida. (2) Os Estados Partes garantirão, na medida do possível, a sobrevivência e o desenvolvimento da criança." Estas precauções de segurança baseiam-se na ideia de que proporcionar a elas um ambiente seguro e acolhedor não é apenas necessidade moral, mas também indispensável para a estabilidade e o desenvolvimento no futuro. A comunidade internacional procura proporcionar uma base de direitos que possam garantir às crianças uma evolução livre de violência, exploração e negligência, estabelecendo normas e padrões legais para a sua proteção. Os esforços se direcionam à criação de um mundo no qual os direitos das crianças sejam priorizados, que elas tenham a oportunidade de realizar todo o seu potencial, dando contribuições valiosas para a sociedade, expresso na sua proteção integral, princípio previsto no direito internacional.

W.M., 17 anos, relata uma experiência angustiante:

No dia 30 de outubro, as forças da ocupação entraram e penduraram a bandeira israelense na seção prisional em que estava. Quando saí para o pátio, às 10h, pedi a um dos rapazes que a pegasse e me entregasse. Peguei a bandeira, queimei-a no pátio. Pelo jeito eles me viram pela câmera. Éramos doze jovens. Depois disso, cerca de 100 soldados de todas as unidades presentes na prisão invadiram o pátio, armados com cassetetes, gás e quatro cães com focinheira. Havia também um sem focinheira, segurado por um soldado. Inicialmente, eles soltaram aqueles com focinheira sobre nós. Um deles me atacou e arranhou meu corpo com as garras. Então os soldados começaram a nos bater com cassetetes na cabeça e no corpo. Tentamos proteger uns aos outros e, sobretudo, os mais jovens entre nós, mas o número de soldados nos atacando era esmagador. Eles me bateram com um bastão entre a cabeça e o pescoço. Depois disso, eu não senti mais nada e desmaiei; eles foram para cima de mim e continuaram batendo. Alguns dos jovens sangravam pelo nariz, outros tinham dentes quebrados, e a maioria estava com feridas abertas na cabeça. Todos sangrando, as poças no chão eram indescritíveis, resultado das pancadas. Então eles nos algemaram com

Violações sistemáticas de Direitos Humanos na Palestina

as mãos para trás e nos alinharam no pátio, nos puxando um por um em fila. Eles me deixaram por último porque queimei a bandeira. Colocaram uma bandeira na minha mão, que joguei no chão. Eles me atacaram de novo. Me bateram, depois amarraram a bandeira na minha mão, levantaram minha mão e me fizeram andar segurando minha mão para cima. Eles nos fizeram andar na ponte até o segundo andar, cerca de 10 metros, com soldados nos dois lados batendo em todo jovem que passava. Na porta, havia três soldados muito altos e robustos, acredito que da unidade especial Duvduvan. Quando cheguei perto deles, me jogaram no chão, colocando o escudo de proteção em cima de mim e começaram a pisar em cima dele. Esse processo durou cerca de uma hora. Eles nos levaram para "Al-Amtanah," que chamamos de "a épica." Quando entramos, estava tudo vermelho, e o chão mal era visível devido às poças de sangue. Ficamos lá por cerca de duas horas, durante as quais as unidades se revezavam nos batendo ali dentro, enquanto seguíamos amarrados. Depois dessas duas horas, um grupo de soldados entrou e nos pegou pelos punhos, nos puxando de trás. Andando para trás, nos levaram para uma sala com cerca de um metro e um pouco mais de altura, que chamamos de "o caixão" por parecer um túmulo. Éramos 12 empilhados uns sobre os outros, dormindo uns sobre os outros. Ficamos lá por aproximadamente dois dias e meio sem comida nem água. Essa sala só tinha uma abertura do tamanho de uma palma, às vezes os guardas a abriam e pulverizavam gás lá dentro, deixando os efeitos por cerca de duas horas. Gritávamos e esperneávamos com o gás, não havia outra saída. Um dos jovens tinha um relógio no bolso, e nós ocasionalmente checávamos a hora. Depois disso, eles nos transferiram para uma sala de 3 por 3 metros, e ficamos lá até dia 7 de novembro. Não havia nada além de colchões muito finos e cobertores. Tinha uma abertura na porta, e eles operavam ventiladores por ela em nossa direção, nos fazendo sentir muito frio. A comida era a mesma das seções prisionais, mas um pouco menos. É claro que não deram tratamento aos que tinham ferimentos nas cabeças; nenhum deles foi levado à clínica, e não forneceram nenhuma esterilização para as feridas e nem mesmo analgésicos. Até eu fiquei tonto por um tempo depois de algumas das pancadas. Depois de 7 de novembro, eles nos devolveram à seção prisional, e é claro, nos colocaram na cela com a cabeça para baixo em direção ao chão. A situação era miserável, com nada nas celas. Eles removeram as cadeiras, armários, chinelos, deixando apenas os colchões e cobertores finos. Elas ficaram superlotadas de presos, a ponto de removerem as lâmpadas, deixando apenas uma luz fraca em cada cela, com uma cobertura de tela. Essa situação permanece igual. Ao entrarmos, um dos jovens me disse: "achei que você estava morto." Perguntei a eles o que havia acontecido na seção, e ele me disse que atacaram a seção dia 30 de outubro, levaram tudo embora, deixando-a toda desorganizada. Havia um jovem conosco que sofria de diabetes. Não sei se forneceram seus medicamentos porque ele estava em outra sala. Sempre que alguém adoecia, gritávamos para eles trazerem remédio e dizíamos que a pessoa poderia morrer, os guardas respondiam: "Deixem morrer, é isso que queremos."

J.K., 18 anos, mantido na prisão de Naqab, passou por um incidente angustiante no qual foi submetido a uma revista íntima e fotografado nu. Durante todo esse processo degradante, era possível ouvir que os soldados responsáveis estavam se divertindo. Aterrorizado, ele viu-se constrangido a aceitar as fotos invasivas, enquanto os soldados empunhavam cassetetes de metal e ameaçavam-no fisicamente. As tristes coações se materializaram quando o espancaram mais tarde. O assalto incluiu golpes e chutes em

Violações sistemáticas de Direitos Humanos na Palestina

suas partes íntimas, e sempre que J.K. tentava proteger seus órgãos genitais ou fechar as pernas, os soldados forçavam-no a abri-las, sob repetidos comandos agressivos. Esse episódio destaca o tratamento severo e desumanizante enfrentado por indivíduos como J.K. na detenção.

Detenções administrativas

Trata-se de um procedimento no qual detentos são mantidos em privação de liberdade sem acusação ou julgamento. Não há acusações formuladas, e não há intenção de levar o detento a julgamento. Há apenas uma ordem de detenção em que o preso recebe um prazo específico de detenção. Porém, antes do seu término, a ordem de detenção muitas vezes é renovada. Esse processo pode ser repetido indefinidamente. Por décadas, as autoridades israelenses têm utilizado a detenção administrativa arbitrária como uma política de supressão e controle nos territórios palestinos ocupados. É uma ferramenta comum usada por regimes repressivos para contornar o devido processo legal e impedir o acesso de dissidentes políticos à justiça. O número de presos administrativos até o final de 2023 é o maior desde a revolta de 1987.

A ocupação recorre à prisão de centenas de palestinos sob o pretexto de detenção administrativa, sem apresentar acusações formais, citando indeterminados "arquivos secretos". Isso priva os detidos do direito de defesa, negando as garantias mínimas de julgamento justo. Ao observarmos o uso por Israel desta modalidade, vemos clara violação do direito internacional humanitário e dos direitos humanos. A detenção administrativa, conforme o artigo 9º do Pacto Internacional sobre Direitos Civis e Políticos, exige uma emergência pública que ameace a nação, podendo ser apenas aplicada caso a caso, sem discriminação de qualquer natureza.

As autoridades israelenses utilizam com persistência sistemática a detenção administrativa, empregando-a com frequência, enquanto primeira e última opção para suprimir e controlar os palestinos. Assim, independente do 7 de Outubro, ela sempre foi praticada, não importa a motivação. Desde o início de 2024 registrou-se um uso intensificado da detenção administrativa, com um total de 5.500 ordens de prisão emitidas, incluindo ordens novas e renovadas. Indica o maior número em décadas de detenções administrativas comparadas aos breves períodos de prisões anteriores, desde a primeira revolta palestina. Antes de 7 de Outubro, o contingente de detidos administrativos era de cerca de 1.320. No entanto, com o início da agressão israelense em 7 de Outubro, o número aumentou para cerca de 3.558, incluindo ao menos 40 crianças e 12 mulheres.

Com a escalada da violência contra os palestinos em todas as esferas, a detenção administrativa tem como alvo vários grupos etários e demográficos. As amplas campanhas da ocupação afetaram jornalistas, prisioneiros libertados, ativistas, idosos, crianças e mulheres. Dos mais de 7.600 retidos desde 7 de Outubro, a maioria foi colocada sob detenção administrativa. A ocupação renovou a detenção para quem completava sua pena no decorrer da agressão em curso. Durante as invasões de Gaza e outras incursões, a ocupação empregou, ao longo de sua história extensivas detenções administrativas para reter grande número de palestinos nas prisões, impedindo seu envolvimento em qualquer forma de resistência. Olhando para trás, durante a Intifada de Al-Aqsa em 2002, o número de detidos administrativos chegou a cerca de 2.500 em apenas dois meses, refletindo o uso regular de prisões em massa pelas autoridades israelenses durante revoltas ou agressões. Da mesma forma, na invasão terrestre de Gaza em 2014, as forças israelenses realizaram amplas campanhas de prisões na Cisjordânia, detendo mais de 1.500 indivíduos, com cerca de 500 deles sujeitos a detenção administrativa arbitrária. Isso mostra que tal recurso sempre foi usado pela ocupação como uma política para silenciar as vozes do povo palestino. No mais, empregam essa tática para aumentar a quantidade de presos, a fim de negociar um melhor acordo na troca de presos.

Lei de Emergência e manobras legais

Israel é conhecida por explorar brechas legais para evitar cumprir o direito internacional humanitário, desrespeitando até mesmo suas próprias leis, quando se trata de perseguir os palestinos. Isso porque Israel está em constante "estado de emergência", desde sua fundação, em 1948. No entanto, a partir da sua última declaração, após o 7 de Outubro de 2023, houve uma série de mudanças em muitas das emendas legais e jurídicas relacionadas aos presos palestinos. Essas, assim como as ordens militares, representam violações flagrantes do direito internacional humanitário, assim como dos direitos humanos, arcabouços legais cabíveis aos territórios palestinos ocupados. Mesmo assim, as leis civis aplicadas pela autoridade ocupante ignoram os padrões internacionais e tratados específicos que protegem a dignidade e os direitos fundamentais dos presos. Essas leis e ordens militares são parte fundamental do sistema colonial e de apartheid implementados pelo estado ocupante; servem como instrumentos centrais para operações extensas de supressão do povo palestino em várias localidades. O sistema jurídico, em seus diversos níveis e ramificações, assume um papel central na legitimação e justificativa de práticas discriminatórias contra os palestinos, incluindo os cidadãos do estado (palestinos de 1948) ou pessoas governadas pela ocupação (em Jerusalém, na Cisjordânia e na Faixa de Gaza desde 1967). A proclamação de um estado de emergência especial, em 8 de outubro de 2023, pelo governo, deu base legal para uma serie de modificações e ações subsequentes.

Como documentado ao longo do relatório acima, desde 7 de Outubro, houve um impulso legal para expandir os poderes das ordens de prisão, prolongar a duração dos interrogatórios, restringir o acesso a advogados e impor penas mais duras.

A partir de 2005, as autoridades ocupantes lidam com detidos da Faixa de Gaza sob a "Lei de Combatentes Ilegais de 2002", combinada a outras, que permitem o julgamento de palestinos perante os tribunais civis do estado ocupante. A "Lei de Combatentes Ilegais" é semelhante à da detenção administrativa, por permitir a prisão de indivíduos com base em evidências não divulgadas e sem acusações claras, com duração indefinida. Em 26 de outubro de 2023, o governo publicou "Ordens de Emergência", para lidar com "combatentes ilegais", permitindo que um oficial de patente inferior ao Chefe do Estado-Maior das Forças de Defesa de Israel expedisse mandados de prisão, facilitando assim o seus processo de emissão.

O prazo para a sua emissão também foi prolongado em várias vezes, a revisão judicial podendo ocorrer após 75 dias da prisão, em vez do período anterior de 14 dias.[20] Isso implica, portanto, que uma pessoa pode ser mantida sem acusação ou julgamento por até 75 dias antes que um magistrado decida se a prisão foi legal. Além disso, ela pode ser impedida de ver seu advogado por 30 dias, proibição essa, prorrogável por mais 180 dias.[21] Essa política é um instrumento, com sansão legal, para o desaparecimento de presos.

As emendas também atingiram os processos para detidos de Gaza, que foram interrogados sob a "Lei de Procedimentos Criminais (Poderes de Execução - Prisões) de 1996", e a "Lei Contra o Terrorismo de 2016". Elas definiam o prazo de investigação, antes da apresentação de acusações, para 35 dias, com o juiz tendo a autoridade para estender a detenção por mais 20.[22] Contudo, em 7 de novembro de 2023, novos adendos foram publicados, permitindo a detenção do suspeito por 45 dias,[23] renováveis por mais 45, com o governo também alterando a "Lei de Prisões de 1996", para impedir que os detidos se encontrassem

---

20 Em 18 de dezembro de 2023, o Knesset publicou a lei "Combatente Ilegal" (emenda número 4 de regulações temporárias) 2023. Artigo 2(3)(4).

21 Idem. 23; Article 2 (4)(5)(c).

22 De acordo com o artigo 47 do Ato de Prevenção ao Terrorismo de 2016.

23 Regulações de segurança (extensão da detenção de um suspeito de crimes contra a segurança) 2023. Artigo 2(1)(a)(a,b).

Violações sistemáticas de Direitos Humanos na Palestina

com seus advogados por até 90 dias, agora modificado outra vez para 180 dias.[24]

Após o anúncio do "estado de emergência especial", o comandante militar das áreas ocupadas mudou de imediato as ordens militares, para capacitar os tribunais militares. Isso significou dar às tropas da ocupação os meios legais para conduzir varreduras de prisões, e trocar os termos e locais de encarceramento para deter mais gente, mesmo em casos cujo tratamento era desumano e violava direitos básicos. A primeira emenda veio por meio da "Ordem Militar nº 2141", anunciando sessões para estender o prazo de detenção, e estabelecendo a revisão judicial das ordens de detenções administrativas por videoconferência (Zoom). Todas as audiências, incluindo a apresentação da acusação, foram conduzidas por esse método. A mesma emenda foi depois modificada para incluir sessões de videoconferência para apresentação de acusação e abertura de julgamentos, alteração feita pela "Ordem nº 2151" em 24 de outubro de 2023. [25]

O Ministro da Segurança, Yoav Gallant, anunciou o campo militar "Sdeh Teman" (Campo do Iêmen) como instalação para aqueles considerados ilegais, a partir de 8 de outubro de 2023, por um período de 10 semanas. Localizado perto de Be'er Al Sabe', não obteve autorização de visita pelo Comitê Internacional da Cruz Vermelha ou advogados, tornando obscuro quantos prisioneiros estão detidos lá, em quais condições, e se são combatentes, civis ou trabalhadores capturados depois de 7 de Outubro. Centenas de civis e mais de 4.000 trabalhadores foram detidos de forma ilegal, sem serem apresentados a qualquer tribunal. Após três semanas, mais de 3.000 deles foram deportados para Gaza. Não se sabe quantos "combatentes ilegais" de Gaza foram presos até agora, e visitá-los não está autorizado.

---

24 Em 16 de janeiro de 2024 houve emenda da lei e extensão à regulação de segurança (encontro entre a pessoa detido e seu advogado). Artigo 2(c) (1)(2)(3)(d).

25 "Ordem nº 2141," referente à realização de sessões via videoconferência envolvendo detidos e aqueles mantidos em estado de emergência (instruções temporárias) (Judeia e Samaria), 2023.

Na Sombra do Holocausto

Essas medidas arbitrárias, em particular as relacionadas às sentenças judiciais, visam atingir ativistas e jornalistas que ousam expressar suas opiniões. Inclui estudantes ou qualquer integrante da comunidade palestina. Impondo intimidação e controle, a ocupação modificou as penalidades para infrações relacionadas à incitação e ao apoio à chamada "organização antagônica". A emenda exige o cumprimento pleno da pena de encarceramento ao menos até a metade da condenação, medida que ganha efeito no início do ano que vem.[26]

Completando o sistema de opressão e controle sobre os presos palestinos, foram editadas emendas às leis da Autoridade Carcerária pelo estado ocupante, visando legalizar a acomodação de milhares de novos detentos, em condições brutais e humilhantes que minam sua dignidade. Em 18 de outubro de 2023, a "Lei de Emenda das Ordens da Autoridade Carcerária"[27] foi aprovada, dando ao "Ministro da Segurança Nacional", conhecido por sua animosidade contra os detentos palestinos, o poder de proclamar um estado de emergência carcerária. Esse permite o encarceramento de detentos, sem fornecer alojamentos adequados para dormir, superlotando o sistema prisional, que já não cumpria os requisitos de espaço adequados exigidos pela Suprema Corte de Israel.

As "Instruções de Emergência"[28] foram introduzidas para mudar o período de prisão, estendendo a emissão de uma ordem de detenção administrativa de 72 horas para 144 horas. Se um detento estiver sob custódia para ser acusado ou investigado formalmente e o juiz decidir soltá-lo, a promotoria militar pode solicitar sua detenção por outras 144 horas, para examinar a possibilidade de emitir uma ordem de detenção administrativa.

---

26 "Ordem referente à intensificação das penalidades por violações de incitação e apoio a uma organização antagonista" (Espadas de Ferro) (Instruções Temporárias), (Judeia e Samaria), Número 2153, emitida em 27 de outubro de 2023.

27 "Lei de Emenda para 'Ordens do Serviço Prisional' (Número 64 - Instruções Temporárias - Espadas de Ferro) - Detenção em Estado de Emergência, 2023."

28 Segundo a "Ordem Referente à Extensão dos Períodos de Detenção Administrativa" (Espadas de Ferro) Instruções Temporárias (Judeia e Samaria) Número 2148, emitida em 20 de outubro de 2023.

Violações sistemáticas de Direitos Humanos na Palestina

Se isso ocorrer, essa emenda obriga o preso a apresentar-se à sessão de revisão judicial em doze dias, em vez do período anterior de oito dias.

Sem um mecanismo robusto de responsabilização pelo longo histórico de crimes de guerra e contra a humanidade, cometidos pelo estado ocupante contra os presos palestinos, ele persistirá adotando medidas legais como instrumentos de repressão, controle e tortura. Essa abordagem ignora normas internacionais e acordos voltados a proteger a dignidade e os direitos fundamentais das pessoas privadas de liberdade. Responsabilizar essas ações, por meio do devido processo legal ou imposição de sanções ao estado, desmantelando o sistema de apartheid, é crucial para acabar com essas ações condenáveis.

Layan Kayed: "Nós que estamos presas escapamos todos os dias"

Entrevista por Shareen Akram-Boshar e Brian Bean[1]

---

1 Publicado primeiro na revista New Politics, *"We who are in prison escape every day"*, no verão de 2022. Traduzido por Rafael Ribeiro.

Em junho do ano passado você foi sequestrada em um posto de controle militar israelense pelas forças de segurança de Israel, presa e julgada sob a farsa dos tribunais militares da ocupação. Ao longo de sua prisão de 15 meses, você vivenciou as condições deploráveis enfrentadas pelos presos políticos palestinos e, principalmente, pelas mulheres detidas. Você pode falar sobre essa experiência, e o que ela diz sobre a barbárie da ocupação e as dimensões de gênero do encarceramento israelense de palestinos?

<u>Layan Kayed</u>: Os bloqueios israelenses espalhados por toda a Cisjordânia são instrumentos fáceis e baratos para realizar prisões. Em vez de mobilizar grandes forças do exército para invadir uma cidade palestina, submetendo-se a formas populares de resistência, como os apedrejamentos, estes cercos permitem a simples ativação de um dos seus muitos pontos de controle existentes, ou a criação de um novo (um posto "móvel") em sua rota diária, após um rápido acompanhamento de celulares e ligações privadas. Isto tem transformado a Cisjordânia em um grande labirinto. Fui presa em um desses portos que separam minha casa da Universidade de Birzeit, enquanto eu estava no carro da família, com minha mãe, a caminho da universidade para receber meu diploma de sociologia.

Após minha prisão, fui deixada em um espaço aberto no posto de controle militar israelense de Zaatara por onze horas, algemada e acorrentada.

Fui então levada para a prisão de Hasharon ("a travessia" em hebraico) e colocada em uma seção criada para isolar presos criminais israelenses. Durante esse tempo, fui transferida entre

Na Sombra do Holocausto

duas celas de confinamento do tipo "solitária". Em uma delas não recebi sol algum e era totalmente monitorada por câmeras de segurança 24 horas por dia. Nessa "travessia" fui submetida a insultos sexuais, palavrões constantes e abuso dos detentos criminais israelenses homens, sob a vigilância dos guardas israelenses, que não interviam. Em vez disso, alguns deles, que falavam árabe, vinham me dizer que eu deveria prestar mais atenção à minha "honra" (um código para minha virgindade), e, de forma manipuladora, me induzir a sentir que esta situação seria uma ameaça à minha "reputação". Estes eram os mesmos guardas cujas rotinas incluíam a invasão de nossas privacidades, enquanto presas políticas mulheres, vasculhando as celas a cada meia hora, enquanto dormíamos à noite, e entrando nelas sem aviso ou permissão, para realizar buscas e outras práticas invasivas.

Esta não foi a única vez em que os carcereiros tentaram usar o conceito de "honra". Em uma das sessões de interrogatório, enquanto me acusavam de "organizar acampamentos" para os membros da Al Qutub, o braço estudantil da FPLP (Frente Popular de Libertação da Palestina), o investigador me perguntou: "O que as pessoas dirão sobre você quando souberem que estava organizando acampamentos mistos para ambos os gêneros?"

Muitas das minhas companheiras também foram submetidas a tentativas semelhantes por parte dos investigadores, para pressioná-las e extorqui-las, usando o conceito de vergonha social e tentando forçá-las a achar que a sociedade palestina pela qual lutam irá rejeitá-las por suas escolhas de roupas ou piercings no nariz. Eles também tentam nos fazer pensar que os outros presos palestinos também irão nos rejeitar, dizendo coisas como: "Esses presos políticos vão forçá-las a usar véu e orar."

O colonizador-encarcerador sempre tenta nos fazer acreditar que o inimigo é a nossa sociedade, não a colonização sionista que está roubando nossa terra.

Após 17 dias de isolamento em Hasharon, eu ainda estava com as mesmas roupas. Elas começaram a afrouxar devido à

Layan Kayed: "Nós que estamos presas escapamos todos os dias"

comida intragável e suja dali. Eu fui mais tarde transferida em um "al Bosta" para a prisão de Al Damon. "Al Bosta" é o veículo usado para transferir presos para sessões de julgamento e hospitais; é uma pequena van que tem muitas células apertadas, pintadas de cinza ou preto, com assentos de metal. Possui uma janela em miniatura, que é revestida em aço e vazada com pequenas aberturas. Fomos algemadas e jogadas nessas celas estreitas durante a viagem. Trajetos como esses às vezes levam mais de 20 horas. Não raro, o motorista dirige com imprudência de forma deliberada, fazendo constantes e repentinas curvas e brecadas, para nos ferir de propósito.

Das outras mulheres presas, um grande número delas foram encarceradas ainda menores de idade e condenadas a longas sentenças. Elas viveram a infância e a juventude na prisão. Conseguiram seu certificado da "escola geral" [aproximadamente equivalente a um certificado de Ensino Médio] e agora estão matriculadas em universidades a partir da prisão. A maioria delas foram baleadas e feridas durante a prisão, tiveram negados cuidados médicos adequados, como parte da negligência médica deliberada do estabelecimento. Isto é uma forma de tortura diária; aquelas que estão gravemente doentes são transferidas para a prisão de Ramle, sem os mínimos cuidados básicos, e muitas vezes acorrentadas em suas camas. O atendimento médico oferecido é deficitário ao extremo e já levou à morte de várias prisioneiras. Muitos dos seus corpos ainda estão retidos em Israel.

O pretexto da prisão foi seu envolvimento no movimento estudantil na Universidade de Birzeit (na Cisjordânia), onde você estuda. Por que você foi visada? Qual é o contexto para a crescente repressão israelense ao ativismo estudantil palestino, e para as violações básicas, em relação à liberdade de expressão política, associação e organização de entidades estudantis, que você representa? Por que o movimento estudantil faz Israel se sentir tão ameaçado?

Na Sombra do Holocausto

LK: O movimento estudantil palestino sempre foi uma alavanca para a luta nacional palestina. Ao longo a história, a União Geral dos Estudantes Palestinos constituiu o núcleo da Organização para a Libertação da Palestina (OLP). As organizações estudantis dentro dos territórios ocupados foram, por sua vez, parte essencial e ativa da Primeira e da Segunda Intifadas.

No entanto, ocorreram duas mudanças perigosas que afetaram o movimento estudantil: primeiro, com a assinatura dos Acordos de Oslo, houve uma grande alteração no trabalho das organizações nos territórios ocupados. A recém-formada Autoridade Palestina – com seu programa político e social – tentou transformar essas estruturas populares em instituições da sociedade, dentro de um projeto de construção do Estado, em oposição a um projeto de libertação, o que criou barreiras reais para a continuidade da mobilização popular.

Em segundo lugar, a divisão interna palestina entre Fatah e Hamas – a Autoridade Palestina e seu partido governante, o Fatah, dirige a Cisjordânia, enquanto o Hamas assumiu o controle da Faixa de Gaza – impediu ainda mais a liberdade e a democracia, por consequência, afetando as universidades.

A Universidade de Birzeit é a única instituição palestina que ainda mantém eleições do conselho estudantil todos os anos, o que significa que seu movimento é politicamente ativo. Além disso, sua proximidade com Ramallah, o centro administrativo e capital da Autoridade Palestina, lhe dá influência política central, ao mesmo tempo preservando o campus como um ambiente seguro de liberdade política para os movimentos, especialmente na medida em que esses espaços têm diminuído na Cisjordânia.

Todos esses fatores permitiram ao movimento estudantil resistir aos resultados esperados na vida política sob a autoridade de Oslo, e ir além do novo "projeto palestino", com sua ideia centrada na salvação individual. Ele também resistiu ao desejo do colonizador pela estabilidade na Cisjordânia, ao não se tornar uma frente política morta. Ainda conseguiu elevar-se, em menor grau, sobre as divisões políticas internas palestinas.

Layan Kayed: "Nós que estamos presas escapamos todos os dias"

O movimento estudantil foi capaz de construir uma base comum de resistência política contra o colonialismo, derivada da crença compartilhada nos direitos dos palestinos enquanto povo originário colonizado. Portanto, a Universidade de Birzeit testemunhou uma movimentação contínua, representada por ocupações e protestos que se concentram em "Pontos de Contato", com a ocupação israelense. Isso liga a universidade às principais questões palestinas, incluindo a dos mártires, dos presos políticos e da luta contra os assentamentos. Por tudo isso, a arena política da universidade de Birzeit tem sido capaz de construir um modelo para grupos progressistas palestinos, formados e envolvidos em política e resistência.

Ela é famosa por seus comitês de trabalho voluntário. Milhares de estudantes, por exemplo, voluntariam-se anualmente para colher azeitonas em terras ameaçadas de confisco.

Estudantes universitários de Birzeit também pagaram o preço final por sua militância política, incluindo recentemente o Mártir Fadi Wahsha, sacrificado nos eventos de Saif Al-Quds.

Todas essas manifestações ameaçam o projeto de uma "Cisjordânia estável" sob a ocupação, e é por isso que enfrentamos ameaças constantes. O colonizador quer garantir que este modelo de resistência não se generalize amplamente entre os palestinos, intervindo para quebrar os atuais estudantes ativistas, para que não continuem a luta além de seus anos universitários.

Para o colonialismo israelense, as prisões em massa são insuficientes; eles invadiram o campus da universidade diversas vezes, realizaram prisões dentro dos corredores dos edifícios e em frente ao conselho estudantil, além de prenderem o seu presidente, Omar Kiswani, em 7 de março de 2018, levado por soldados à paisana. Israel também decreta "ordens de banimento" para estudantes ativistas, impedindo-os de entrar no campus.

A intimidação também é realizada utilizando intimações oficiais e ligações ameaçadoras, não apenas para ativistas estudantis, mas para o corpo de estudantes em geral, a fim de desmotivá-los a se juntar ao movimento estudantil.

Na Sombra do Holocausto

Mais importante ainda, o colonialismo israelense faz pressão crescente na universidade – citando a presença do movimento estudantil – a partir do lançamento de uma campanha direcionada aos países e instituições doadoras, com o objetivo de minar o financiamento da Universidade de Birzeit.

Mesmo Israel prendendo estudantes ativistas de várias matizes, a Al Qutub (polo estudantil democrático-progressista) – grupo universitário de esquerda com o qual você está comprometida – está proibido, taxado de "associação ilegal", apesar de não ter histórico de envolvimento com atividades militares. Você pode falar sobre as atividades e políticas da esquerda no movimento estudantil?

<u>LK</u>: Nós do Al Qutub adotamos a perspectiva política da FPLP e seu slogan principal, "libertação da terra e do povo". Nossa visão enquanto movimento, no entanto, foi inspirada pelas palavras de ordem da União Geral dos Estudantes Tunisianos: "Uma Universidade popular, educação democrática e cultura nacional/patriótica".

Universidade Popular

A luta por uma universidade popular divide-se em duas etapas. A primeira parte tem um aspecto político, relacionado ao orçamento anual da Autoridade Palestina (AP). Nós nos mobilizamos para aumentar a verba do ensino superior, que geralmente não excede 2% da verba geral, enquanto mais de 40% dos recursos da AP são alocados no setor de segurança. Ironicamente, todas essas agências de segurança alinham-se à agressão israelense durante quaisquer ataques às cidades palestinas, e na prisão de quem quer que desejem. Estes gastos generosos só ocorrem na repressão às manifestações palestinas pacíficas exigindo liberdade e democracia, como aquelas recentemente realizadas na Cisjordânia, na

Layan Kayed: *"Nós que estamos presas escapamos todos os dias"*

sequência da terrível morte do ativista Nizar Banat. Eu estava na prisão naquela época, mas muitos dos meus camaradas me contaram sobre uma lista difundida para todas as Agências de Segurança da AP, contendo os nomes de nossos companheiros, com a ordem para espancá-los, mesmo que no campus da universidade.

A segunda parte da luta que travamos é dentro da própria universidade.

Nós lutamos contra a privatização das instalações universitárias. Todos os anos, o campus testemunha greves e ocupações organizadas pelo movimento estudantil e o sindicato dos trabalhadores, para combater a privatização. A Al Qutub organiza modelos alternativos, como uma lanchonete e uma gráfica, que vende xerox dos livros – o que a universidade não faz, apesar dos preços altos e inacessíveis.

A Al Qutub também trabalha para acabar com as políticas de discriminação de classe na esfera acadêmica e por uma educação pública e gratuita. Nós tentamos pressionar a direção a recusar qualquer tipo de contrapartida política condicionada por financiadores locais e internacionais, contra os ditames externos nos programas educacionais, e contra a denominação de edifícios em homenagem a capitalistas palestinos, em vez de colegas martirizados.

Educação Democrática

Na Al Qutub, buscamos uma educação democrática, lutando pela democratização da entidade educacional. Nosso combate envolve também publicizar nossos debates, submeter-se a votações em assembleias, e participar das eleições de representantes no Conselho Estudantil, abrindo um diálogo entre a administração universitária e os estudantes, sobre política e gestão universitária, participando das suas esferas de decisões.

A democracia de que falamos não pode existir sem garantir a independência do processo democrático de todos os tipos

Na Sombra do Holocausto

de intervenções, das agências de segurança da AP, bem como das estruturas tribais e regionais reacionárias. Ela é impossível, sem assegurar a liberdade de sindicalização e expressão política dos palestinos. Além da repressão israelense, a AP rotineiramente prende estudantes ativistas. Vários anos atrás, descobrimos que não podíamos imprimir um único panfleto em qualquer gráfica de Ramallah, devido a pedidos das agências de segurança. Ao longo dos anos, muitos de nós, assim como de nossos pais, foram convocados para um "cafezinho", o código usado pelos serviços de inteligência para um interrogatório, como parte de suas táticas de intimidação.

A democracia que reivindicamos não está separada da justiça social ou da igualdade de gênero. Ela deve primeiro trabalhar de acordo com esses valores, esforçando-se para alcançá-los.

Cultura Nacional/Patriótica

Vemos a educação como um processo libertador. Para nós, não é apenas sobre a qualidade do ensino e a posição da universidade dentro de rankings internacionais. Ao invés disso, procuramos usar nosso conhecimento acadêmico para mudar nossa realidade e contribuir para nos libertar do colonialismo.

Atualmente, todas as nossas faculdades adotam currículos internacionais, sem responder às demandas da realidade palestina e seu projeto de libertação.

Neste sentido, buscamos instituir uma disciplina sobre "a causa palestina" como requisito universitário, após sua remoção no ano de 1993, em consequência dos Acordos de Oslo. Ela foi reintegrada, por força do nosso empenho, em 2013. Da mesma forma, nos mobilizamos para iniciar um curso, recentemente aprovado, centrado nos presos políticos.

Nosso combate não se limita aos currículos acadêmicos. Também atuamos constantemente para manter o campus como um centro nacional independente. Batemo-nos contra relações

Layan Kayed: "Nós que estamos presas escapamos todos os dias"

com empresas que reconhecem ou operam para Israel. O mesmo vale para representantes de países imperialistas ou árabes reacionários. Nós nos inclinamos cada vez mais para a ação direta como foi, por exemplo, no "Dia do Emprego", um evento realizado pela Universidade. Organizamo-nos para derrubar as cabines de algumas empresas, como a Rawabi, Asa e Axlet.

Fora dali, integramos o projeto de libertação nacional palestino e o movimento social progressista, nos mobilizando no centro das cidades, exigindo que a AP encerre as sanções a Gaza, que Nizar Banat seja indenizado, e que a AP rejeite o julgamento do Mártir Basil al-Araj.

Estamos sempre presentes em qualquer confronto contra o colonizador, em todos os "Pontos de Contato", em frente ao tribunal militar de Ofer e no assentamento de Beit El, junto com os outros alunos da nossa universidade, nosso movimento e nossos sindicatos.

A organização dos presos políticos palestinos sempre teve uma posição especial na luta pela libertação nacional. Essa dinâmica foi expressa de novo pela inspiradora fuga da cadeia de Gilboa, durante o verão, e uma nova greve de fome iniciada pelos presos em meados de setembro. Muitas vezes, a militância de mulheres presas sequer é mencionada. Você poderia falar sobre como elas estão se estruturando atrás das grades?

<u>LK</u>: O encarceramento é a intensificação da realidade de opressão e colonização, suas relações de poder, assim como a revelação do que é escondido. Na prisão e na vida, você se acostuma com a opressão, apesar da amargura, e, ocasionalmente, esquece da possibilidade de outro mundo, em que a vontade de resistir prevalece. Naqueles dias, apenas o desejo dos poderosos parecia existir.

Então, dia 9 de junho, fomos acordados pelos carcereiros às cinco da manhã para a "contagem de cabeças" – porém, esta não era a hora habitual. Depois de um tempo, percebemos que seis presos haviam escapado. As mulheres começaram a espalhar a notícia pelas celas. Eu estava de pé, perto da porta, na época, então transmiti a informação às minhas companheiras que, sonolentas, disseram que provavelmente eram detentos penais israelenses. Eu não sei de onde surgiu essa reação, a estranha convicção de que não eram presos políticos como nós que tinham conseguido escapar.

No entanto, os que conseguiram fugir eram de fato presos políticos, de nossas aldeias e vilas. A mídia israelense começou a culpar a gerência da cadeia, que "dá ao prisioneiro liberdade suficiente, permitindo que eles fujam", e começou a falar sobre as migalhas que tínhamos, como "privilégios da administração penitenciária".

Quanto a nós, esses eventos nos ajudaram a perceber que a vida ali não merece nada além da fuga, e que essa realidade deve ser superada, e, que, sobretudo, ainda somos capazes de resistir.

Nós que estamos presas, fugimos todos os dias, talvez não escavando um túnel, mas reformulando a prisão. Aquela que o inimigo a tenha projetado como um confinamento, nós transformamos em um lugar de vida e mudança.

Os presos políticos não se consideram isolados da luta do povo palestino, e não dependem do apoio externo, mas praticam um intercâmbio de respaldo à sociedade palestina como um todo.

Os presos políticos sempre desempenharam um papel importante na causa palestina. Eles realizaram muitas iniciativas para acabar com a divisão política e trabalharam para educar gerações de jovens, mulheres e homens encarcerados. Também produziram diversos escritos importantes, acadêmicos ou não. Eles carregam a esperança, com cada ato de fuga e rebeldia.

As presas palestinas têm sido um componente do movimento político, desde o início da resistência contemporânea. As prisioneiras políticas participaram das greves de fome gerais. A mais recente destas foi a dos detentos da Jihad Islâmica, resistindo às medidas tomadas contra eles após a fuga dos seis

Layan Kayed: "Nós que estamos presas escapamos todos os dias"

companheiros. Três deles estavam nesta greve de fome. As mulheres também iniciaram greves individuais na luta contra a política administrativa carcerária. A última delas, Heba al-Labadi, foi recentemente libertada.

A vida dentro da prisão feminina é organizada e gerida pelas próprias detidas. Há um comitê de leitura, por exemplo, na medida em que uma das salas foi convertida em biblioteca. Criamos um conselho cultural, que publica uma revista com textos das presas e dá cursos de línguas, além de organizar eventos e competições. Há uma comissão especial para a gestão da cantina, que pensa nas necessidades da seção feminina e compra os itens necessários, a partir da conta geral compartilhada, para a qual todas contribuem.

Temos uma representante e uma adjunta encarregadas de transmitir nossas demandas perante a administração. Temos também uma série de prisioneiras responsáveis por distribuir comida e limpar as nossas instalações. Além disso, contamos com um comitê de educação especial, em que as mulheres estudam e conquistam seu diploma secundário dentro da prisão. Recentemente, começamos a fornecer educação universitária no cárcere. Essas estruturas são flexíveis.

A experiência das mulheres encarceradas é um pouco diferente da dos homens, devido ao seu número comparativamente menor. A maioria delas foi libertada em troca de prisioneiros com Israel. Isso, de uma certa forma, interrompeu a experiência acumulada de organização dentro da prisão. Como a mais recente delas, no sistema prisional de Gilad Shalit, não incluiu palestinas presas nas cidades ocupadas em 1948, Lina al-Jarbouni permaneceu sozinha na cadeia. Por meio dela, e das que foram pegas novamente mais tarde, algumas das experiências e estruturas acumuladas acabaram transferidas para a nova geração de detidas, mas a perda de parte disso significou redundou na eliminação de muitos direitos conquistados, sobretudo no que diz respeito aos meios de comunicação entre essas mulheres. Isso tornou-se ainda mais palpável pela proibição completa de visitas, sob o pretexto da COVID.

Há uma dimensão importante para a luta das mulheres encarceradas, na medida em que ela se apresenta como um desafio para o sistema social e demonstra modelos de resistência feminista, paralelamente à luta nacional.

Em 22 de outubro, Israel decretou mais seis organizações palestinas de direitos humanos como organizações terroristas. Isso inclui algumas das mais antigas, como a 'Al-Haq', além da conhecida entidade de apoio aos presos políticos 'Addameer', que dá assistência jurídica a palestinas como você, que estão sob a mira de tribunais militares do apartheid. Qual é o significado do aumento da repressão, e que desafios ele carrega?

<u>LK:</u> A essência do sionismo é seu projeto colonial e a política de substituição da população através de assentamentos. Este programa baseia-se no extermínio em massa e expulsão dos povos nativos. O projeto sionista vê os palestinos apenas como inimigos, cuja existência deve ser eliminada, e sua capacidade de resistir – em todas as formas – paralisadas, até que elas desapareçam por completo. Para a consistência do mito fundador do seu plano colonial de "uma terra sem povo", qualquer outra narrativa deve ser apagada. Enquanto colonizada, você deve ser morta silenciosamente, como se nunca tivesse existido. Portanto, documentar seus crimes torna-se um crime, e defender um detento é algo que condena os defensores.

Em 2016, o Knesset (parlamento) sionista aprovou uma lei para "combater o terrorismo", que fixou o precedente para a atual repressão. O perigo desta medida não se dá apenas pela criminalização dessas organizações classificas de "terroristas", nem pela facilidade com que as instituições públicas e estudantis foram criminalizadas. Na verdade, sua maior ameaça consiste, por um lado, na tentativa de separá-las da sua origem popular, enquanto, ao mesmo tempo, isola-as do mundo e das organizações internacionais.

A lei não apenas criminaliza os membros dessas organizações-alvo, mas também quem se atreve a prestar serviços ou

Layan Kayed: "Nós que estamos presas escapamos todos os dias"

suporte, mesmo se for apenas apoio moral. Elogiar uma dessas organizações ou participar de um evento que eles articulam já basta para ser preso. A classificação destas organizações como terroristas torna perigoso até mesmo passar algum tempo nos corredores do campus universitário. Uma vez, um administrador distrital israelense ligou e ameaçou um jovem calouro na universidade de Birzeit, porque ele havia participado de um sorteio feito por um dos grupos estudantis e ganhou um laptop.

Essas leis são uma tentativa do colonizador de aumentar os custos e riscos da luta e da resistência. Se você for presa por ser uma ativista ou simpatizante, corre o risco de ser proibida de viajar ou, ainda, descobrir que muitas organizações internacionais não lhe darão emprego ou que pode ser demitida se tiver um, além de diversos outros problemas. A única função disso é fazer os palestinos se perguntarem: qual o grande preço a pagar para um pequeno ato de solidariedade ou de apoio a uma pessoa? Certa vez, as forças da ocupação prenderam um ônibus inteiro de estudantes da Universidade de Birzeit, em visita à casa da família do preso Montaser Shalabi, depois que ela foi demolida pelo exército. Muitos dos alunos acabaram indiciados apenas por encontrar-se com familiares de presos e mártires.

Com a criminalização das instituições, ser funcionário também virou crime. Por exemplo, Shatha Odeh, de 60 anos, está sendo processada porque continuou na Federação de Comitês dos Trabalhadores da Saúde, apesar de a entidade ter sido fechada por Israel.

A segunda função da criminalização é a de isolar as instituições públicas e as estruturas internacionais, para reduzir o apoio financeiro e as fortes relações com as parcerias mundiais. Juani Rechmawi, uma espanhola casada com um palestino, foi presa pela captação de recursos para a Fundação de Comitês de Trabalhadores da Saúde, o que era uma atribuição meramente funcional.

O estado sionista não se contenta, apenas, em decretar as instituições e estruturas como terroristas. Ele também ataca e lacra seus escritórios, confisca os equipamentos, prende seus funcionários e associados, monta campanhas internacionais para cortar apoio e comunicação, e ameaça simpatizantes.

Na ausência de qualquer responsabilização internacional dos colonizadores sionistas, e à luz do flagrante apoio dos governos ocidentais – liderados pelos Estados Unidos – é fácil para os nossos opressores rotular como "terrorista" qualquer instituição, mesmo que seja uma de direitos humanos, de reputação ilibada, com diversas conexões e relações internacionais, como a al-Haq.

O fechamento dessas entidades cria uma ausência de atores responsáveis por documentar violações dos direitos humanos e dar assistência legal aos palestinos, nos níveis local e internacional. Por exemplo, a Addameer é a única organização não-governamental que defende os presos sem qualquer retorno financeiro. O fechamento de outras instâncias de direitos sociais, como os comitês de saúde e trabalho agrícola, significa efetivamente um prejuízo para estruturas de suporte e resiliência do povo palestino. Elas fornecem ferramentas cruciais, que permitem que as pessoas sobrevivam sob a constante ameaça do exército israelense e dos colonos violentos. Seus recursos são necessários, em particular porque a maioria dos seus destinatários vivem na área C, sob ameaça de confisco, roubo de terras, recursos e outras medidas arbitrárias.

Enfim, o fechamento das estruturas públicas que trabalham em nível social com o povo palestino, como a União dos Comitês das Mulheres, é uma tentativa de impor posições reacionárias e disruptivas à resistência social e política das mulheres.

Tudo isso acontece na sequência da explosão da Intifada da Unidade, a completa falência da AP, a normalização contínua das relações dos estados árabes com o Estado colonial de Israel, e a possível anexação da Cisjordânia pela ocupação. Como você vê a situação atual da luta palestina? Que papel acha que as organizações internacionais de esquerda, e os estudantes, devem desempenhar na construção da solidariedade?

Layan Kayed: "Nós que estamos presas escapamos todos os dias"

LK: A fragmentação palestina não se limita a divisões políticas internas, mas também se estende às fragmentações geográficas que afetam todos os segmentos do povo palestino - Gaza, Cisjordânia, os territórios apreendidos por Israel em 1948, e as diásporas, além de uma precisa separação de classe, produto dos projetos de "paz econômica". Por causa dessas condições, um projeto palestino verdadeiramente coletivo e inclusivo é inexistente, hoje. Ao menos um que seja claramente definido com metas e tarefas claras, como já foi anteriormente, com a OLP.

Além disso, está claro que após quase 28 anos de Oslo e da Autoridade Palestina, até mesmo os programas que deveriam ter transformado a causa palestina em um conflito gerenciado, prolongando-o até que fosse esquecido, falharam miseravelmente. Nos próximos anos, o total de colonos israelenses na Cisjordânia atingirá um número igual ao da população palestina nativa. Isso significa que a forma de confronto será diferente, e se transformará em um enfrentamento face a face. Algo que já começamos a notar, sobretudo em cidades como Jerusalém, com a crescente pressão na Cisjordânia pelos esquemas de ocupação e roubo de terra e a construção de unidades de assentamento, além das práticas violentas dos colonos, que continuam a invadir a vida e a propriedade dos palestinos. Mas o que de fato pesa é o congelamento do financiamento da Autoridade Palestina, a principal fonte de renda para as famílias na Cisjordânia, assim como o novo ataque às instituições da sociedade civil. Todas essas práticas violentas ameaçam tornar a situação explosiva a qualquer momento. O projeto de Oslo buscava garantir necessidades mínimas de sobrevivência na Cisjordânia, para manter as pessoas caladas, mas ele fracassou.

Nosso conflito define-se como uma luta existencial; é impossível encontrar meio termos. Eles querem nos matar e as pessoas não ficarão mais silenciosas. Elas não têm nada a perder.

Para o povo palestino como um todo, os eventos de Saif Al-Quds constituíram uma nova percepção, prova de que há uma consciência comum entre nós, independente dos diversos e distintos

Na Sombra do Holocausto

contextos. Nós provamos que somos unidos por objetivos comuns, e que propostas de normalização e neutralização falharam.

A necessidade de hoje é transformar essa consciência em um programa de ação, em um projeto e uma declaração de libertação palestina revitalizada. Acredito que devemos reativar a OLP e seus quadros populares, e concordar com um programa de libertação, integrando todas as estruturas e partidos palestinos. Precisamos reconsiderar a nossa existência como um povo, como um movimento de libertação nativo anticolonial, necessariamente ligado ao contexto árabe mais amplo, e à luta planetária de todos os oprimidos na Terra.

Em nível árabe, ele está sendo destruído, seja através de guerras, como no Iêmen, no Iraque, e na Síria, ou nas políticas de desenvolvimento liberal e na dependência econômica, como acontece nos Estados do Golfo. Isso torna o processo de normalização – melhor exemplificado pela Conferência do Bahrein – em uma extensão desse estado de destruição. E ajuda a transformar o sionismo em um parceiro político e econômico. No entanto, a normalização está ocorrendo no nível dos governos, pois o povo árabe ainda vê a entidade sionista como ilegítima. Não há libertação da Palestina sem libertar a região das relações coloniais e da dependência econômica, política, militar e cultural.

A questão palestina não é apenas uma problemática local. Como povo, estamos enfrentando a entidade sionista, organicamente ligada a todos os interesses imperialistas na região e no mundo. Isso significa que o conflito com o projeto sionista não se limita à terra da Palestina.

Além de boicotar Israel em todos os aspectos econômicos, acadêmicos e culturais, organizar campanhas de pressão frente aos governos e suas políticas pró-Israel, como a venda de armas, trocas comerciais ou políticas que adotam o discurso israelense, entendemos que combater a injustiça e opressão em qualquer lugar faz parte da nossa luta. É óbvio que Israel não é apenas o produto de interesses imperialistas, nem só o garantidor de sua influência no sul global, mas também um agente ativo no apoio

Layan Kayed: "Nós que estamos presas escapamos todos os dias"

à opressão em todo o planeta. Israel é um laboratório de armas, vigilância e tecnologias militares, que exporta para governos opressivos no mundo inteiro.

Liberdade a Islam Hamad, Brasileiro-Palestino preso por Israel

Soraya Misleh

Dentre os 9.100 presos políticos palestinos até o início de março de 2024 está um brasileiro-palestino: Islam Hamed. Sua história é evidência da injustiça colonial, expressando também a resistência de todo um povo, combinando persistência, firmeza e resiliência, ou *sumud*, em árabe. Inclusive nos odiosos cárceres israelenses. Sua contínua prisão e seu abandono internacional, inclusive pelo estado e governo brasileiro, precisam ser encerrados. Sua família exige há tempos justa repatriação ao Brasil.

Islam Hamed, como muitos outros presos políticos mantidos por Israel, ficou desaparecido até o final de fevereiro deste ano. Antes que se conseguisse contatá-lo, uma nova tragédia marcou sua vida. Um acidente de trabalho encerrou a vida de seu pai, Hassan, sem que seu filho fosse por meses informado e sem poder se despedir. Família e advogado absolutamente desesperados e sem notícias, sem sequer saber se em meio às torturas brutais e degradantes Islam Hamed estava vivo ou morto. Sem sequer saber para onde Israel o levou, arrancado de sua cela logo após o início de outubro e transferido para uma prisão desconhecida.

Na nova fase da contínua Nakba – catástrofe palestina cuja pedra fundamental é a formação do Estado racista e colonial de Israel em 15 de maio de 1948 –, até o início de março de 2024, são mais de cinco meses de genocídio em Gaza e limpeza étnica avançada na Cisjordânia e Jerusalém Oriental, com os presos palestinos sendo alvo permanente de tortura. A família de Islam, desde o início de 2023, após a vitória eleitoral do presidente Lula, retomou a campanha para garantir sua repatriação, exigindo intervenção do Itamaraty e do Ministério dos Direitos Humanos na localização de seu paradeiro.

Na Sombra do Holocausto

Mesmo com reuniões em Brasília e cartas da família, apoiadas por organizações brasileiras e relatos denunciando o desaparecimento de Islam Hamed, o sentimento de abandono aprofundou. Até que, por fim, seu advogado na Palestina ocupada conseguiu localizá-lo e visitá-lo no cárcere. Está magro – já que Israel impõe aos presos políticos uma ração mínima diária –, barba obviamente por fazer, enfrentando o impacto de meses de isolamento, mas com a mente sã. E mente sã, no caso dos presos palestinos levados à loucura e à morte por torturas inomináveis – físicas e psicológicas –, é estar bem. Dentro do possível. Não poderia ser diferente: o brasileiro-palestino Islam Hamed tem raízes profundas que são a base para aqueles e aquelas que não envergam.

Labirinto das prisões administrativas

Filho de pai palestino e mãe brasileira, entre idas e vindas ao inferno do cárcere sionista e passagem também pela prisão da colaboracionista Autoridade Nacional Palestina (ANP), tratamentos desumanos e muita tortura, já acumula cerca de 20 anos em celas insalubres. Seu único crime – como dos milhares que enfrentam essa situação – é ser palestino, no caso, palestino-brasileiro.

Nascido em Jerusalém, Islam Hamed cresceu em meio à primeira Intifada (levante popular entre 1987 e 1991). São lembrados nos relatos[1] de sua infância que "para ir à escola era obrigado a enfrentar nuvens de gás lacrimogêneo. Sua casa geralmente era invadida à noite por soldados armados que faziam revistas em todos os cômodos, algo comum de acontecer na Palestina". Preso pela primeira vez por Israel aos 17 anos de idade, foi condenado a cinco anos, acusado de ter atirado pedras nas forças de ocupação. "Após oito meses de liberdade, foi encarcerado novamente, em um sistema denominado detenção administrativa, no qual Israel prende palestinos sem qualquer acusação e renova a detenção de seis em seis meses." Nessa situação, Islam Hamed ficou preso por mais dois anos.

---

1 Muitos desses depoimentos podem ser lidos na página de facebook da campanha "Libertem Islam Hamed" https://www.facebook.com/search/top?q=libertem%20islam%20hamed

Liberdade a Islam Hamad, Brasileiro-Palestino preso por Israel

Sua liberdade durou pouco novamente, apenas oito meses. Então foi preso pela Autoridade Nacional Palestina, gerente da ocupação. "Nesse curto período de liberdade, casou-se, tirou habilitação internacional, fez curso de eletricista, concluiu o mestrado e tentou vir para o Brasil duas vezes, mas Israel impediu sua passagem sem qualquer justificativa. Islam Hamed foi acusado de uma ação contra a vida de dois colonos israelenses, porém o Tribunal de Justiça Palestino não encontrou nenhuma evidência do suposto ataque." Condenado a três anos de prisão pela ANP, foi acusado de ações contra o "governo palestino". Na verdade, um serviço prestado a Israel em sua malfadada "cooperação de segurança", produto dos desastrosos acordos de Oslo firmados entre a ocupação e a Organização para a Libertação da Palestina (OLP) em setembro de 1993.

A campanha brasileira

A injusta pena em cárcere da Autoridade Nacional Palestina, onde foi também torturado – como nas prisões sionistas –, se encerrou em setembro de 2013, mas Islam Hamed não foi libertado. A campanha pela sua libertação tem criticado com dureza a ANP, que em um primeiro momento afirmou estar negociando com Israel para que Islam Hamed chegasse ao Brasil; depois alegou que não o soltaria para "protegê-lo", pois ele corria risco de ser assassinado ou preso novamente por Israel. "A família entrou com processo no Tribunal de Justiça para que Islam Hamed obtivesse liberdade, e o ofício de soltura foi publicado em novembro de 2014. Mesmo assim, não foi cumprida a ordem."

A mobilização reivindicava que o governo brasileiro garantisse a libertação de seu cidadão e o trouxesse para este país, para finalmente ter uma vida longe dos cárceres ao lado de sua família. Vigílias e protestos organizados por movimentos sociais aconteceram em distintos lugares, como Londres e Jordânia. Em 21 de julho de 2015, Islam Hamed foi libertado pela ANP, mas não conseguiu vir para o Brasil. Obrigado ainda a assinar um documento se responsabilizando por sua própria vida, sua segurança deveria ser um direito garantido pelo Estado brasileiro – que deve zelar pela integridade de seus cidadãos. Durante esse período, Islam teve que se esconder em sua própria terra. Três meses depois, em 24 de outubro daquele ano, a última prisão, mais uma vez por ação de Israel.

Embaixadores da liberdade

Seis anos depois, em 2021, Islam deu mais uma demonstração de resistência. Em situação na qual todos os direitos humanos fundamentais são violados, característica do regime colonial de *apartheid*, até mesmo ter um filho é um gesto de resistência coletiva. Além de completar sua graduação e mestrado na prisão, enquanto privado de sua liberdade, Islam desafiou as tentativas de apagamento dos palestinos do mapa. Teve não um, mas dois bebês.

Os gêmeos Muhammad e Khadija vieram ao mundo no dia 6 de outubro de 2021, marcados por essa árdua batalha diária contra a colonização sionista. Os palestinos os nomeiam "embaixadores da liberdade".

Segundo afirmou à época Amani Farahneh, do Clube de Prisioneiros Palestinos, ao seu nascimento já se somavam outros 99. São crianças geradas por meio de sêmen 'contrabandeado'.[2] O preso político Ammar al-Zabin, condenado a apodrecer no cárcere sionista, se tornou o primeiro pai de uma criança nascida dessa forma, em 2012.

Em cada bebê, uma mensagem ao ocupante, sintetizada nos versos do poeta palestino Tawfiq Zayyad: "Aqui, sobre vossos peitos, persistimos. […] Aqui temos um passado e um presente. Aqui está o nosso futuro." O amanhã ainda espera por ser construído, e os gêmeos são o alvorecer, rumo à liberdade. Esse é o sonho da mãe, Rinan Hamed: que ela e o marido possam viver em paz e criar juntos os gêmeos e o irmão mais velho, o pequeno Khattab.

---

2 Awad Rajoub, *"Palestinian lady gives birth to twins using smuggled semen from her jailed husband"*, Agência Anadolu, 8 de outubro de 2021.

Liberdade a Islam Hamad, Brasileiro-Palestino preso por Israel

Mediante genocídio que já custou a vida de mais de 30 mil palestinos, dentre os quais 70% mulheres e crianças, os "embaixadores da liberdade" são o signo de um povo que jamais poderá ser apagado do mapa. Sua vida é o sol que irradia essa trajetória de heroica resistência.

Na luta para cessar a cumplicidade internacional e isolar Israel, pressionando pelo fim imediato do genocídio e limpeza étnica, urge aos lutadores e lutadoras brasileiros por direitos humanos retomarem a campanha pela libertação imediata de Islam Hamed e ecoarem ainda mais alto a mensagem a ele – cuja história é marcada pela privação, mas também pela perseverança e negação em se render à criminosa ocupação –, a sua família e a todo o povo palestino: não estão sozinhos.

Até que Islam Hamed e todos os 9.100 presos políticos palestinos sejam livres. Até que se faça justiça. Até a Palestina livre do rio ao mar.

II

A catástrofe iminente e a urgência em detê-la

Gilbert Achcar[1]

---

1 Publicado no site Viento Sur *"Gaza: La catástrofe inminente y la urgencia de detenerla"* dia 18 de outubro de 2023. Traduzido por Carolina Freitas.

Nos últimos dias, Gaza sintetizou a divisão global Norte-Sul mais do que qualquer outro conflito na história contemporânea. A indecente unanimidade dos governos ocidentais, expressando, sem reservas, apoio incondicional ao Estado israelense – no preciso momento em que iniciava uma campanha evidente de crimes de guerra contra o povo palestino, de magnitude sem precedentes nos 75 anos de história do conflito regional – tem sido de uma repugnância atroz. A partir de 7 de Outubro, estes governos vêm se superando nesse sentido: desde a projeção da bandeira de Israel no Portão de Brandemburgo, em Berlim, no Parlamento em Londres, na Torre Eiffel em Paris, e na Casa Branca em Washington; até o envio de aparato militar para Israel, bem como os reforços navais americanos e britânicos para o leste do Mediterrâneo, num gesto de solidariedade ao Estado sionista; incluindo ainda a proibição de várias formas de expressão de suporte político à causa palestina, restringindo assim liberdades básicas.

Tudo isto ocorre enquanto o desequilíbrio habitual nas reportagens dos meios de comunicação ocidentais sobre Israel/Palestina atingiu o ápice. Como sempre, os israelenses enlutados, sobretudo as mulheres, são expostos em abundância nas telas, incomparavelmente mais do que os palestinos. A Operação Inundação de Al-Aqsa, do Hamas, provocou uma avalanche de imagens de violência contra pessoas desarmadas, com foco especial na festa rave, semelhante àquelas comumente organizadas nos países ocidentais, a fim de acentuar a "compaixão narcisista... muito mais evocada pelas calamidades abatidas contra pessoas *como nós*, e muito menos para calamidades que afetam outras pessoas além de nós". Desde que o Hamas lançou a sua operação, a brutalidade

Na Sombra do Holocausto

israelense contra civis em Gaza, perpetrada numa escala muito maior, tem sido muito menos denunciada e, em nenhum caso, condenada. Mesmo um crime de guerra flagrante como o bloqueio total de água, alimentos, combustível e eletricidade, infligido a uma população de 2,3 milhões de pessoas, além da não menos evidente violação dos direitos humanos na ordem dada a mais de um milhão de civis de abandonarem sua cidade, ou enfrentarem a morte sob os escombros de suas casas, é basicamente tolerada por líderes políticos proeminentes e pela grande mídia ocidental.

É como se tivessem remontado a *Sociedade Internacional para a Supressão dos Costumes Selvagens*, no qual Kurtz, personagem ficcional de Joseph Conrad no livro *Coração das Trevas*, escreve um relatório concluído com o terrível pós-escrito: "Exterminem todos os bárbaros!"[2]. Na verdade, a prescrição de Kurtz encontrou um equivalente no anúncio sinistro do Ministro da Defesa israelense, Yoav Gallant: "Ordenei o cerco total à Faixa de Gaza. Não haverá eletricidade, nem comida, nem combustível, tudo será fechado... Estamos lutando contra animais humanos e agimos de acordo".

Não é de surpreender que a mídia ocidental tenha feito eco aos meios de comunicação israelenses, descrevendo a operação do Hamas como o ataque mais mortífero dirigido contra os judeus desde o Holocausto, e assim dando continuidade ao padrão habitual de nazificação dos palestinos, para justificar a sua desumanização e extermínio. Contudo, a verdade é que, por mais terríveis que tenham sido alguns aspectos da operação do Hamas, eles não são um *contínuo* da violência imperialista nazista, a partir de qualquer perspectiva histórica considerável. Pelo contrário, fazem parte de dois ciclos históricos muito diferentes: o da luta dos palestinos contra a expropriação e a opressão colonial israelense, e o da luta dos povos do Sul Global contra o colonialismo.

A chave para entender a mentalidade subjacente às ações do Hamas não se encontra em *Mein Kampf* [Minha Luta] de Adolf

---

2 Conrad, Joseph. *Coração das Trevas*, p. 93.

A catástrofe iminente e a urgência em detê-la

Hitler, mas em *Os condenados da terra*, de Frantz Fanon, a mais conhecida interpretação dos sentimentos dos colonizados por um pensador político, que era também psiquiatra. Fanon refletiu sobre as suas lutas, especialmente a dos argelinos, contra a opressão francesa. Os paralelos são impressionantes:

> *O colonizado que decide realizar este programa, para se tornar o seu motor, está sempre disposto à violência. Desde o seu nascimento, está claro para ele que este mundo estreito, semeado de contradições, só pode ser desafiado pela violência absoluta.*
>
> *A violência que presidiu à constituição do mundo colonial (...) será reivindicada e assumida pelos colonizados a partir do momento em que, decidida a tornar-se história em ação, a massa colonizada penetra violentamente nas cidades proibidas. Provocar uma explosão do mundo colonial será, a partir de agora, uma imagem de ação muito clara, muito compreensível e capaz de ser assumida por cada um dos indivíduos que constituem o povo colonizado...*
>
> *Não há, porém, equivalência de resultados, porque os bombardeios aéreos ou os tiros de canhão da frota superam em horror e importância as respostas dos colonizados. Este vai-e-vem do terror desmistifica definitivamente os mais alienados dos colonizados. Comprovam no terreno, com efeito, que todos os discursos sobre a igualdade da pessoa humana acumulados uns sobre os outros não escondem essa banalidade, que pretende que os sete franceses mortos ou feridos no desfiladeiro de Sakamody despertem a indignação das consciências civilizadas, enquanto que "não contam" a entrada e saque nas alfândegas de Guergour, da dechm Djerah, a matança de populações em massa, e que foram precisamente a causa da emboscada[3].*

---

3 Fanon, Franz, *Os condenados da terra.*

Na Sombra do Holocausto

Alguns dos atos cometidos pelos combatentes do Hamas durante a Operação Enchente de Al-Aqsa foram terroristas? Se o terrorismo significa o assassinato deliberado de pessoas desarmadas, sem dúvida sim. Mas depois, o assassinato proposital de milhares e milhares de civis de Gaza ao longo dos últimos dezessete anos – desde 2006, apenas alguns meses depois de Israel ter evacuado a Faixa de Gaza para controlá-la a partir do exterior, na crença de que o custo seria menor do que fazê-lo por dentro – também é terrorismo. Na verdade, o terrorismo de Estado causou muito mais vítimas na história do que o de grupos não estatais.

Da mesma forma, alguns dos atos cometidos pelos combatentes do Hamas foram atos bárbaros? Sem dúvida, mas não é menos indubitável que fizeram parte de um choque de barbáries. Deixe-me citar aqui o que escrevi sobre isso há mais de vinte anos (El choque de barbaries, Icária, 2007), após os ataques de 11 de setembro:

> *Considerado em separado, cada ato de barbárie pode ser julgado igualmente repreensível do ponto de vista moral. Nenhuma ética civilizada pode justificar o assassinato deliberado de não-combatentes ou de crianças, seja indiscriminado ou proposital, por terrorismo estatal ou não-governamental...*
>
> *No entanto, do ponto de vista da equidade básica, não podemos nos envolver numa ética metafísica que rejeite igualmente todas as formas de barbárie. As diferentes barbáries não têm o mesmo peso na balança da justiça. É verdade que ela nunca poderá ser um instrumento de defesa legítima; é sempre ilegítima por definição. Mas isto não muda o fato de que quando duas barbaridades se confrontam, a mais forte, aquela que atua como opressor, continua a ser a mais culpada. Exceto em casos de manifesta irracionalidade, a barbárie dos fracos é, na maioria das vezes, logicamente, uma reação à barbárie dos fortes. Caso contrário, por que os*

A catástrofe iminente e a urgência em detê-la

fracos provocariam os fortes, correndo o risco de serem eles próprios esmagados? Esta é, aliás, a razão pela qual os poderoros tentam esconder a sua culpa, apresentando os seus adversários como insanos, demoníacos e bestiais.

A questão mais importante na concepção do Hamas sobre a luta contra a ocupação e a opressão israelenses não é moral, mas sim política e prática. Em vez de servir à emancipação palestina e conquistar um número crescente de israelenses para a sua causa, a estratégia do Hamas facilita a unidade nacionalista dos judeus israelenses, e fornece ao Estado sionista pretextos para aumentar a supressão dos direitos e da existência dos palestinos. A ideia de que o povo palestino pode alcançar a sua libertação nacional através da confrontação armada com o Estado israelense, que é militarmente muito superior, é irracional. O episódio mais eficaz até a data de hoje deu-se sem armas: a Intifada de 1988 causou uma crise profunda na sociedade, no sistema político e nas forças armadas de Israel, e conquistou uma simpatia massiva para a causa palestina no mundo, mesmo nos países ocidentais.

A recente operação do Hamas, o ataque mais espetacular já lançado contra Israel, proporcionou uma oportunidade para retaliações assassinas brutais, num ciclo prolongado de violência e contra-violência. O que se vê no horizonte é nada menos que uma segunda etapa da Nakba – *catástrofe*, em árabe –nome dado ao deslocamento forçado da maioria da população nativa palestina dos territórios que o recém-nascido Estado israelense conseguiu conquistar em 1948. Seu atual governo, que inclui neonazistas, é comandado pelo líder do partido Likud, portanto, herdeiro dos grupos políticos que perpetraram o mais infame massacre de palestinos em 1948: o de Deir Yassin. Benjamin Netanyahu liderou a oposição a Ariel Sharon e demitiu-se do seu gabinete em 2005, quando ele optou pela retirada unilateral israelense de Gaza. Pouco depois, Sharon deixou o Likud, que Netanyahu chefia desde então.

Na Sombra do Holocausto

A extrema-direita israelense, encabeçada pelo Likud, tem perseguido sem descanso o seu objetivo de uma Grande Israel, abrangendo todo o território palestino do antigo mandato britânico entre o Mar Mediterrâneo e o Rio Jordão, incluindo a Cisjordânia e Gaza. Poucos dias antes da operação do Hamas, Netanyahu, durante seu discurso na Assembleia Geral da ONU, brandiu um mapa da Grande Israel, um sinal deliberado, que não passou despercebido. Portanto, a ordem dada à população do norte de Gaza para se deslocar rumo ao sul é muito mais do que a habitual desculpa hipócrita para a destruição proposital de áreas habitadas por civis, ao mesmo tempo em que incrimina o Hamas por se abrigar entre a população civil (uma acusação decerto absurda: como poderia ele existir no deserto, fora das concentrações urbanas, sem ser aniquilado pelos meios muito superiores da guerra remota israelense?).

Bem mais provável, sob o pretexto de erradicar o Hamas, o que estamos assistindo é o prelúdio de uma onda de deslocamentos dos moradores de Gaza em direção ao deserto do Sinai, no Egito, voltado a concretizar o segundo grande ato de conquista territorial, combinado com limpeza étnica, desde a Nakba. Os palestinos recordam de imediato o êxodo de 1948, quando fugiram da guerra, sendo depois impedidos de regressar às suas cidades e vilas. Perceberam que enfrentam agora um novo ciclo de remoção forçada de Gaza, prenunciando um aumento da desapropriação e da colonização. Esta segunda fase da Nakba será muito mais sangrenta do que a primeira: o número de palestinos assassinados no momento em que escrevo estas linhas já se aproxima daqueles de 1948, e isto nada mais é que o início do ataque israelense. Só uma mobilização popular massiva nos Estados Unidos e na Europa poderá levar os governos ocidentais a pressionar Israel a parar, antes de cumprir os seus sinistros objetivos de guerra, impedindo este resultado horrível. Isto é urgente ao extremo. Não se engane: a catástrofe iminente não será contida no Oriente Médio, se alastrando, sem dúvida, pelos países ocidentais, como tem acontecido há várias décadas, numa escala ainda mais trágica.

A catástrofe iminente e a urgência em detê-la

Mudanças paradigmáticas na guerra de cem anos contra a Palestina?

Rashid Khalidi[1]

---

1 Publicado no site Mondoweiss, *"A paradigm shift in the hundred years' war on Palestine?"*, 28 de novembro de 2023. Traduzido por Sean Purdy.

Esta palestra, seis semanas atrás, teria outro título, com conteúdo um pouco diferente. O contexto histórico da atual conjuntura seria exposto partindo do meu livro, *The Hundred Years' War on Palestine: A History of Settler-Colonialism and Resistance* (A guerra dos cem anos contra a Palestina: histórias de resistência e do colonialismo de povoamento). Ele explica os acontecimentos na Palestina desde 1917, a partir da guerra travada contra os povos nativos palestinos, ao longo de distintas fases, por diferentes grandes potências, que se aliaram ao movimento sionista –que foi ao mesmo tempo nacionalista e de colonização por povoamento. Estas potências mais tarde associaram-se ao Estado-nação israelense surgido desse movimento.

Essa estrutura parece-me a melhor forma de explicar a história do século passado em diante. Não se trata de um conflito antigo entre árabes e judeus, e não acontece desde os tempos imemoriais. É um produto novo da irrupção do imperialismo no Oriente Médio, e da ascensão do Estado-nação moderno e dos nacionalismos, árabe e judaico. Esta guerra, vale lembrar, não foi só entre o sionismo e Israel, de um lado, e os palestinos, do outro, contando às vezes com o apoio árabe e externo. Ela sempre envolveu a intervenção massiva das grandes potências, ao lado do movimento sionista e de Israel: a Grã-Bretanha até à Segunda Guerra Mundial, os Estados Unidos e outras potências desde então. Essas nunca foram neutras, jamais mediadoras honestas, elas integram parte ativa do lado israelense na guerra. Considerando tais fatos, longe de uma equivalência entre ambos os extremos, é um enfrentamento entre colonizador e colonizado, entre opressor e oprimido, com enorme desequilíbrio separando, sempre, os dois lados na Palestina, a favor do sionismo e Israel.

Na Sombra do Holocausto

Porém, mesmo acreditando que esse cenário tenha sido reforçado ao longo das últimas seis semanas, pela intensidade muscular da participação norte-americana, e pela natureza bastante limitada da ação dos iranianos e dos estados árabes, podemos estar assistindo, desde 7 de Outubro, a uma mudança paradigmática, produto do surgimento de novos elementos. Apresentarei algo de natureza provisória. Como historiador, reluto em prever a possível evolução dos acontecimentos. Mas, à luz dos sentidos deste conflito bélico de mais de um século, está claro o surgimento de novos elementos indicando uma nova fase potencial nesta guerra. Destaco cinco desses elementos:

O número de mortos em Israel, mais de 1.200, é o terceiro maior na história do país. Mais de 800 civis israelenses pereceram, bem como mais de 350 militares e policiais, todos no espaço de pouco mais de um dia. 64 soldados israelenses foram mortos desde então. É provável que esse seja o maior número de mortes de civis israelenses desde sempre (719 foram mortos ao longo da segunda intifada em quatro anos; a maioria das 6.000 vítimas em Israel durante 1948, sua guerra mais violenta, eram soldados). As baixas militares e policiais israelenses, combinadas com as ocorridas desde o início da invasão terrestre semanas atrás, já ultrapassaram 400. Este número em breve se aproximará da quantidade de soldados israelenses (mais de 450) que morreram participando, em 1982, da invasão do Líbano. O atual número de mortos palestinos, mais de 11.500, assim como o de israelenses, ainda não está definido, e aumentará com as taxas de mortes evitáveis por doenças, mortalidade infantil e outros motivos, assim como pelo provável acréscimo da maior parte das 2.700 pessoas desaparecidas. Esse já é o segundo maior número de palestinos mortos desde 1948, quando cerca de 20.000 pessoas perderam a vida, a maioria civis, e um número maior, ao que tudo indica, comparado à guerra israelense no Líbano em 1982, que matou 20.000 pessoas, mais da metade sendo palestinos e o resto, libaneses (durante a segunda intifada, cerca de 5.000 palestinos foram mortos). Recordo estas

Mudanças paradigmáticas na guerra de cem anos contra a Palestina?

estatísticas macabras como prova de um elemento do que pode indicar uma mudança de paradigma. O número de vítimas israelenses, em particular o número de civis mortos, criou um choque traumático que repercutiu em Israel, nas comunidades judaicas pelo mundo, e em todo o Ocidente. Os seus efeitos políticos a longo prazo são impossíveis de prever, mas já afetaram em peso as tomadas de decisões dos governos israelense e americano, intensificando a agressividade e intransigência de ambos os países. É incalculável, ao mesmo tempo, o impacto político a longo prazo do número brutal de mortes palestinas em um período curto e reduzido de tempo, não só entre eles, mas também em todo mundo árabe, com possíveis alcances ainda mais distantes. Uma situação que pode muito bem afetar as políticas internas dos vários estados árabes, assim como o futuro de Israel na região.

Estes números devem ser entendidos no contexto de dois outros fatores. Primeiro, o ataque surpresa do Hamas e o esmagamento das defesas de Israel, incluindo a derrota de uma divisão inteira do exército israelense (a de Gaza), o completo fracasso da sua tecnologia de inteligência e vigilância, e o massacre de tantos israelenses civis, sendo esta a primeira vez que uma guerra foi travada com tamanha ferocidade em solo israelense, desde 1948. Israel já sofreu graves ataques à sua população civil antes, de foguetes e homens-bomba, mas desde 1948, todas os grandes enfrentamentos israelenses – 1956, 1967, a Guerra de Atrito de 1968-70, 1973, 1982, a segunda intifada e todas as outras em Gaza – foram na prática travadas em solo árabe. Nada parecido aconteceu com Israel em 75 anos.

O fator número dois é o colapso temporário da doutrina de segurança de Israel, representado nessa guerra. Isto é muitas vezes denominado de forma errada como "dissuasão", mas é, na verdade, produto da doutrina agressiva ensinada primeiro aos fundadores das forças armadas israelenses por especialistas britânicos em contra-insurreição, como Orde Wingate. Conforme esse preceito, ao se atacar de forma preventiva ou retaliatória com

Na Sombra do Holocausto

força esmagadora, o inimigo sofrerá uma derrota decisiva, uma intimidação permanente, que o força a aceitar os termos israelenses. No que diz respeito a Gaza, isso significou investidas periódicas aos habitantes da faixa, matando um grande número deles para forçá-los a aceitar um cerco e um bloqueio, que já dura 16 anos. Digo o colapso temporário desta doutrina porque, embora os eventos de 7 de Outubro tenham explicitado sua falência total, o sistema de segurança israelense não aprendeu nada, dobrando sua aposta. Parecem ter esquecido a máxima de Clausewitz, da guerra como continuação da política por outros meios. É evidente que a liderança israelense não tem qualquer objetivo político claro ao travar este combate, para além da vingança pelo número de vítimas civis e da humilhante derrota militar do 7 de Outubro, enquanto reivindicam a restauração da "dissuasão". Em vez de um objetivo político preciso para o confronto, o governo e os militares israelenses postularam a meta impossível da destruição do Hamas, uma entidade político-militar-ideológica, que talvez possa ser derrotada no campo militar, mas que não pode ser destruída. O fortalecimento ou enfraquecimento do Hamas só ficará claro depois do fim dessa deflagração, porém ele não será esmagado como força política e ideologia, enquanto a ocupação e a opressão do povo palestino continuar.

Outro possível novo elemento nessa mudança paradigmática estaria no giro inicial de simpatia ampla a Israel em nível mundial, para uma intensa reprovação da guerra israelense em Gaza. Isso tem ocorrido em todo o mundo árabe, na maioria dos países muçulmanos e na maior parte do mundo (ou melhor, no mundo real, excluindo os EUA e alguns países ocidentais). A rejeição tem também sido intensa até entre amplos segmentos das populações norte-americana e europeia. É impossível avaliar se essa reação terá efeito duradouro. Com certeza teve quase nenhum impacto perceptível na política do governo Biden de apoio generalizado a Israel, cujo nível é de participação ativa na guerra contra Gaza. Um envolvimento que pode levar à intervenção direta das forças

Mudanças paradigmáticas na guerra de cem anos contra a Palestina?

dos EUA, Deus nos livre, caso este conflito se transforme em uma guerra regional mais ampla. A reação nos países árabes prova ao menos a ignorância plena das autoridades políticas e especialistas ocidentais e israelenses, cujas afirmações diziam em claro e bom som que "os árabes não se importam com a Palestina". Ao declarar isso com total confiança, confundiram os autocratas e cleptocratas que governam a maioria dos países árabes com os seus povos, que nutrem uma preocupação evidente com a Palestina, organizando as maiores manifestações vistas na maioria das capitais árabes em uma dúzia de anos. Como qualquer historiador sério afirmaria, durante mais de um século, os povos árabes demonstraram uma profunda inquietude pela Palestina. É impossível afirmar se essa forte reação negativa a Israel será duradoura, assim como se, e quando, os regimes antidemocráticos que assomam na região consigam reprimir as expressões destes sentimentos. Em suas futuras políticas com Israel, está obvio que terão de ser muito mais cuidadosos do que antes, considerando o apoio convicto de suas populações à causa palestina.

Há um quinto e último elemento nesta possível mudança de paradigma. As medidas desiguais usadas pelas elites e os políticos ocidentais para desvalorizarem as vidas pretas ou árabes, em oposição à valorização de vidas brancas ou israelenses, produzem uma atmosfera tóxica nos locais dominados por estas elites, como seus espaços políticos, incluindo as grandes empresas, os meios de comunicação, e universidades como a Columbia. Estas classes dirigentes, e muitas outras, consideram os massacres de civis israelenses distinta dos massacres de mais de uma dúzia de vezes de civis palestinos. O sofrimento dos civis israelenses, e apenas deles, foi citado de forma direta mais uma vez pelo Presidente Biden no dia 15 de novembro, encobrindo ao mesmo tempo os bombardeios israelenses a Gaza com incoerência típica, repetindo os discursos rotineiros israelenses.

Essa óbvia abordagem desigual é uma faca de dois gumes: embora possa servir Israel a curto prazo, o preconceito inerente

Na Sombra do Holocausto

e a duplicidade de critérios estão evidentes para o mundo e para segmentos crescentes da opinião pública no Ocidente, em particular entre os mais jovens. Isto em geral se aplica a todos aqueles que não estão intoxicados pelas exposições engajadas dos principais meios de comunicação, que apenas publicam aquilo que agrada a Israel. O apoio de 68% dos americanos, incluindo uma grande maioria dos Democratas, ao cessar-fogo em Gaza, uma medida contestada com veemência pelo governo israelense e seu facilitador na Casa Branca, é fato relevante, se não um prenúncio da mudança de paradigma.

No entanto, apesar da exploração política, sem escrúpulos, das mortes e sequestros de civis israelenses, é preciso reconhecer que estas questões constituem, além de um grave problema moral, assuntos jurídicos e políticos para os defensores dos direitos palestinos. O elemento moral é óbvio: as mulheres, as crianças, os idosos e todos os não-combatentes desarmados devem ser protegidos sem questionamentos, em tempos de guerra. O tema legal também deveria ser. Pode-se escolher a não aplicabilidade das normas do direito internacional humanitário. No entanto, se quisermos administrá-las, elas deverão estender-se a todos. Israel mente ao afirmar que adere ao direito internacional humanitário, apesar de já ter admitido em público, através da sua "doutrina Dahiya", anunciada em 2007 pelo ex-general Gadi Eizenkot (integrante do atual gabinete de guerra israelense), que não o faz. Seus líderes declararam não obedecer, de forma repetida e aberta, a pelo menos dois dos elementos-chave do direito internacional humanitário, ou seja, a proporcionalidade, que exige que a perda de vidas humanas ou de bens não seja excessivas em relação à vantagem esperada da destruição de um alvo militar, e distinção, que requer distinguir entre a população civil e os combatentes. Nos seus ataques diários a Gaza, como repetidas vezes no passado, Israel demonstrou desrespeito total por tais princípios, destruindo as vidas de um número incontável de civis, para supostamente procurar ou matar um ou alguns guerrilheiros.

Mudanças paradigmáticas na guerra de cem anos contra a Palestina?

É fato que o direito internacional garante aos povos sob ocupação o direito de resistir, e isto se aplica, é claro, no caso dos palestinos. No entanto, se quisermos exigir a aplicação do direito humanitário internacional a Israel, ele também precisa ser imposto às forças palestinas. Sem negar as flagrantes violações destas leis pelos israelenses, as do Hamas e de outros devem estar sujeitas aos mesmos padrões.

O problema político está na aprovação geral dada pelos EUA e alguns governos ocidentais às violações completas do direito humanitário internacional por Israel, enquanto as palestinas, ligadas à morte e sequestro de civis, são exploradas para difamar e deslegitimar a causa como um todo, e não apenas seus autores. Como podemos constatar na reação política, mediática e institucional nos EUA e na Europa desde 7 de Outubro (como vimos na Universidade de Columbia e noutros campi), cuja relação com estas violações é umbilical, elas têm como seus verdadeiros alvos a luta pelos direitos dos palestinos.

Os desdobramentos nos espaços hostis que ocupamos na política, nas instituições e na imprensa norte-americana e ocidental são de extrema importância. Ao aceitarmos que Israel é um projeto colonial (e também nacional), então os EUA e o Ocidente são a sua metrópole. Assim como entenderam os movimentos de libertação da Irlanda, Argélia, Vietnã e África do Sul, não era suficiente resistir ao colonialismo na colônia. Também era preciso conquistar a opinião da metrópole, envolvendo muitas vezes a limitação ao uso da violência, assim como ao de meios não violentos (por mais difícil que seja frente à violência monumental do colonizador). Foi assim que os irlandeses ganharam a Guerra da Independência de 1916 a 1921, como os argelinos saíram vitoriosos em 1962, e como também venceram os vietnamitas e os sul-africanos. Nos espaços hostis da política e da imprensa, em que operam os apoiadores dos direitos palestinos nos EUA e na Europa, é necessária lucidez absoluta sobre estas questões, não apenas por razões morais e legais, mas também por motivos políticos.

119

Na Sombra do Holocausto

Embora seja impossível prever os efeitos desta guerra na fase atual, ela ao menos resultou nas mudanças descritas acima. Isso acarretará transformações profundas de paradigmas humanitários e políticos? Vejo três questões principais:

A expulsão de um milhão e meio de pessoas do norte da Faixa de Gaza, incluindo da Cidade de Gaza, que já é uma espécie de nova Nakba, levará à limpeza étnica permanente desta região?

A comunidade internacional, ou os EUA, (que muitas vezes atuam como se eles sozinhos fossem a comunidade internacional), apresentarão uma resolução política original e inovadora para o conflito, baseada nos princípios da igualdade e justiça?

Ou, mais provável, irá apenas restabelecer alguma forma opressiva do status quo anterior de ocupação e cerco dos palestinos, em espaços cada vez menores, enquanto bombeiam mais formol no cadáver mofado da "solução de dois estados", morta há muito tempo?

É impossível responder a estas perguntas hoje, embora meu palpite seja que as apostas possam ser, na prática, sim para a primeira, não para a segunda e sim para a terceira.

Contudo, esperamos que uma hipótese possa ser excluída: a limpeza étnica parcial ou total da população da Faixa de Gaza e da Cisjordânia, e sua expulsão da Palestina histórica para o Sinai Egípcio e Jordânia. Durante as suas primeiras visitas à região após a eclosão da guerra, o Secretário de Estado Anthony Blinken, agindo, ao que tudo indica, como mensageiro israelense, pressionou os governantes do Egito, Jordânia e Arábia Saudita a aceitarem a medida. Todos rejeitaram-no sem titubear. Assim, estes governos agiram baseados no interesse nacional de seus Estados e no da preservação de seus regimes, mas também em nome dos palestinos, que sabem, graças a 75 anos de amarga experiência, que Israel nunca permitiu qualquer pessoa que tenha sido expulso da Palestina a voltar.

As provas cabais das intenções malignas da Casa Branca de Biden podem ser encontradas no projeto orçamentário enviado

Mudanças paradigmáticas na guerra de cem anos contra a Palestina?

pelo Gabinete de Gestão e Orçamento, dia 20 de Outubro de 2023, ao Congresso, requerendo bilhões de dólares para ajuda militar à Ucrânia e Israel. Isto inclui um pedido de financiamento intitulado "Assistência à Migração e Refugiados", voltado a "eventuais necessidades dos moradores de Gaza em fuga para países vizinhos", nos "deslocamentos entre fronteiras" e para "requisitos de assistência fora de Gaza".

A miopia da administração Biden no alinhamento servil aos esforços de guerra israelense, englobando múltiplos prováveis crimes de guerra, sem qualquer resultado político discernível ou alcançável, devem ser somados aos fracassos na política interna. Ignorou por absoluto a oposição crescente ao seu apoio ilimitado à guerra de Israel em Gaza por muitos dos seus próprios servidores, assim como de elementos-chave da base do Partido Democrata. Composta em grande parte por eleitores jovens, integrantes liberais e progressistas das comunidades judaica e cristã, árabes, muçulmanos e dirigentes das coletividades negras e de outras minorias. À medida em que o ataque de Israel a Gaza continua com o total apoio do governo, é cada vez mais difícil ver como um grande número destes grupos, em particular aqueles localizados nos principais estados decisivos, conseguirão votar para Joseph Biden em 2024.

Além do apoio americano a Israel na expulsão de mais de um milhão de pessoas do norte da Faixa de Gaza, se não fosse a oposição resoluta (até agora), de alguns governos árabes, a participação vergonhosa dos Estados Unidos teria incluído uma nova fase no processo de 75 anos de limpeza étnica dos palestinos na sua terra natal, por Israel. Não chegamos a esse ponto e espero que nunca cheguemos. No entanto, embora até agora tenha sido impedido de participar como cúmplice nessa atrocidade específica, o governo Biden já mergulhou de cabeça em um abismo de depravação moral, ao conceder apoio material a Israel no massacre de milhares de palestinos, e na transformação de Gaza em um lugar inabitável, tolerando a limpeza étnica no seu interior.

Por que a classe trabalhadora israelense não é uma aliada

Daphna Thier[1]

---

1 Capítulo 4 do livro *"Palestine: A Socialist Introduction"*, editado por Sumaya Awad e Brian Bean, Heymarket Books, 2020. Traduzido por Beatriz Scotton.

Os socialistas acreditam na centralidade da luta de classes e na classe trabalhadora enquanto a única capaz de abolir a velha ordem e construir uma nova sociedade. Seria a classe proletária israelense uma exceção a esta regra? Se sim, por que? O caráter revolucionário, ou não, do operariado de Israel ocupa espaço fundamental, ao determinar quais estratégias servem, ou não, à revolução no Oriente Médio. Desde a fundação de Israel, seus trabalhadores abraçaram ideias racistas, sentimentos nacionalistas, oposição consistente à democracia e apoio a regimes contrarrevolucionários. Isto pode mudar?

Alguns socialistas acreditam que os trabalhadores israelenses integram a solução no Oriente Médio. A oposição dos israelenses à democratização de seu país, por exemplo, levou o grupo Alternativa Socialista, dos Estados Unidos, a concluir que a defesa de um Estado democrático, unificado, secular e não-exclusivista seria uma "utopia nacional burguesa".[2] Já o movimento Corrente Marxista Internacional diz que a campanha internacional de Boicote, Desinvestimento e Sanções (BDS) contra Israel é "contraproducente, por favorecer o sionismo burguês"[3].

---

2 A Alternativa Socialista, sessão norte-americana do Comitê por uma Internacional dos Trabalhadores, escreve que "a esta altura, apresentar um programa cuja solução se dá na forma de um Estado comum para ambas as nacionalidades, mesmo um Estado socialista, não é capaz de fornecer uma resposta suficiente para os medos, suspeitas e o intenso desejo de independência nacional por parte dos dois grupos nacionais. No entanto, o papel da esquerda marxista também é explicar que as camadas da classe trabalhadora e as massas de todos os grupos nacionais têm interesse, na sua raiz, em uma luta unificada em torno de um programa de mudança socialista".

3 No site "*In Defense of Marxism*", da *International Marxist Tendency*, os autores de um artigo intitulado "*Against the Blanket Boycott of Israel*" escrevem sobre o BDS: "O que é notável nesta campanha é que ela ignora a questão de classe, tanto em Israel como na Palestina. Acreditamos que só uma abordagem classista pode pôr fim ao imperialismo israelense... a diferença entre a classe dominante e os trabalhadores é que a classe trabalhadora israelense – objetivamente falando – não tem qualquer interesse em oprimir as massas palestinas. Enquanto a burguesia ganha biliões de dólares com a produção de armas e o massacre de inocentes, o proletariado tem

Na Sombra do Holocausto

Tais opiniões partem do pressuposto de que a classe trabalhadora judaica israelense pode ser conquistada para uma perspectiva revolucionária e para a solidariedade de classe com os companheiros árabes, e por isso devemos evitar aliená-los na luta por reformas democráticas. Ignoram os seguintes fatos: o povo palestino sofreu limpeza étnica pelas mãos da classe trabalhadora israelense; eles tomaram, pela via das armas, as terras palestinas e sua base tem posições políticas de direita quanto aos direitos dos palestinos e, em grande parte, apoia os bombardeios a Gaza e a contínua ocupação da Cisjordânia.

Caráter de classe de Israel

A análise socialista clássica, exposta nesse texto, abordou a questão há quase cinquenta anos.[4] Em 1969, Moshe Machover e Akiva Orr, dois socialistas antissionistas, da Organização Socialista Israelense (melhor conhecida pelo nome de seu jornal, Matzpen), argumentaram que a classe operária israelense tinha interesses econômicos em manter divisões racistas; que a realidade material impedia a solidariedade da classe trabalhadora judaica com os palestinos.[5]

Os autores alegaram que, embora Israel seja uma sociedade de classes com seus conflitos, existe uma batalha predominante,

---

de ver os seus filhos e filhas serem enviados para morrer em guerras pelo lucro". Depois de concluírem que, se os trabalhadores israelenses tivessem feito uma greve geral durante a Primeira Intifada, a "revolução" teria sido bem-sucedida e, ignorando o enfadonho fato de que nenhum desses trabalhadores tenha apelado por uma greve geral, concluem: "a solução não virá sem os judeus israelenses da classe trabalhadora; eles desempenharão o papel central! É por isso que rejeitamos a campanha BDS como contraproducente [sic], é uma campanha que fortalece o sionismo burguês.".

4 Moshe Machover; Akiva Orr, *The Class Character of Israel. In:* BOBER, Aerie. *The Other Israel: The Radical Case Against Zionism.* Garden City, NY: Anchor Books, 1972.

5 Esta foi uma ruptura com a popular concepção esquerdista do sionismo, que o toma por movimento nacional de esquerda. Décadas de colaboração entre os partidos social-democratas e sindicatos ingleses e europeus com os sionistas da Histadrut e do Partido Trabalhista influenciaram essa posição. A tradição socialista deve muito à clareza com que Matzpen apresentou sua perspectiva radical. Socialistas que hoje argumentam contra o movimento BDS, sob o pretexto de que este fere e, portanto, afasta a classe trabalhadora israelense, fariam bem em ler os textos originais de Matzpen.

Por que a classe trabalhadora israelense não é uma aliada

que opõe o sionismo às populações originárias da Palestina. Segundo eles, o "conflito externo" não derivava da luta de classes. Os benefícios materiais proporcionados à classe trabalhadora israelense vinculam-se ao Estado colonizador. O seu antagonismo de classe ao capital israelense, portanto, está subordinado à unidade interclassista contra os palestinos. Na verdade, ela atenua o confronto, dado que os trabalhadores israelenses apoiam o Estado colonial e defendem interesses imperialistas.

Por que isso é importante? Porque se a revolução requer a derrubada do Estado, mas a classe trabalhadora israelense está vinculada à existência dele, então ela é um obstáculo e não um agente da revolução.

Grande parte dos argumentos apresentados pelo Matzpen são baseados na observação da "compra" e subsídio, pelo capital estrangeiro, da classe trabalhadora israelense através de gastos sociais do governo. Muita coisa mudou desde 1969, com a análise do Matzpen exigindo reavaliação e atualização. Os padrões de vida dos israelenses deterioraram-se, e os salários reais tiveram diminuição constante. Hoje, a maior parte do apoio estrangeiro serve ao financiamento militar. Por fim, a ajuda estadunidense, em torno de três bilhões de dólares anuais durante as últimas duas décadas, tem menos influência proporcional na economia israelense, comparada à sua relevância no começo da década de 1990. Portanto, o eixo do argumento – de que os elevados padrões de vida dos trabalhadores israelenses sustentam-se em subsídios sociais imperialistas – fica enfraquecida.[6]

---

6 Havia outras suposições equivocadas no artigo, entre as quais a conclusão de que, frente aos seus respectivos serviços militares, os jovens palestinos e israelenses – "que são chamados a travar 'uma guerra eterna imposta pelo destino'" – são aliados potenciais, uma vez que os seus sacrifícios podem incutir sentimentos antissionistas entre eles. Mesmo que as taxas de alistamento nas forças armadas de Israel tenham diminuído em certa medida, elas permanecem incrivelmente altas. De acordo com os registos das forças armadas de 2015, a taxa média de alistamento nas sessenta e cinco maiores cidades foi de 77%, com cinquenta e uma delas excedendo os 70%. A juventude claramente não foi convencida pelos argumentos antissionistas, nem pelas provas abundantes dos crimes de guerra das forças armadas, de que deveriam recusar o serviço militar. E na medida em que os riscos diminuem com os avanços tecnológicos na capacidade militar, as recompensas materiais obtidas com o alistamento são ainda mais atrativas. Argumentaram, também, que o carácter imigrante da sociedade israelense, uma vez que 75% da população nasceu

Na Sombra do Holocausto

Machover e Orr escreveram, com notável perspicácia:

> "Em 50 anos de experiência, não há um único exemplo de trabalhadores israelenses mobilizados em questões materiais ou sindicais desafiando o próprio regime em Israel; é impossível sensibilizar até mesmo uma minoria dos trabalhadores neste sentido. Pelo contrário, eles quase sempre colocam as suas lealdades nacionais à frente das questões de classe. Embora isto possa mudar no futuro, não elimina a necessidade de analisarmos o motivo de ter sido assim nos últimos cinquenta anos."[7]

Meio século se passou e, ainda, não há exemplos reais que possam contradizer tal análise.

A classe trabalhadora israelense é diferente por três razões. Primeiro, examinando os anos de sua formação na Palestina, podemos identificar a natureza particular de classe trabalhadora colonizadora e sua relação peculiar com o Estado, diferenciando o proletariado israelense de outros ao redor do mundo. A segunda razão é que a ocupação de 1967 serviu para aprofundar a conexão entre a classe trabalhadora e o Estado colonial. A terceira é que a luta palestina por libertação nega os privilégios da classe trabalhadora colonizadora e, por isso, é combatida por ela.

Uma classe trabalhadora de colonos

Muitas classes trabalhadoras modernas, como as dos EUA, Austrália ou Canadá, têm suas origens em colônias de povoamento. A experiência israelense expressa uma variante dessa dinâmica. O sociólogo Gershom Shafir identifica cinco diferentes formas de sociedades colonizadoras: ocupação militar, plantation, plantation

---

no estrangeiro, teve um efeito retrógrado na consciência dos trabalhadores. No entanto, mesmo que essa alegação fosse válida por si só, hoje o inverso é verdadeiro – apenas 27% dos israelenses nasceram no estrangeiro.

7 Machover *et al.*, *op. cit.*

Por que a classe trabalhadora israelense não é uma aliada

étnica, povoamentos mistos e povoamentos puros.[8] A ocupação militar "explora e intensifica a ordem econômica vigente, sem buscar o controle local direto da terra e da mão de obra", o que significa que ela não substitui a sociedade preexistente, apenas beneficia-se dela. Na plantation, os colonizadores europeus tornam-se a elite governante local, importando mão de obra contratada ou escrava. Na étnica e nas colônias mistas e puras de povoamento, o objetivo é constituir uma sociedade dominada por uma identidade nacional europeia. Na *plantation* étnica, é empregada mão de obra local, porém os colonos possuem uma personalidade europeia que rejeita a miscigenação. No assentamento misto, é formado um tipo de sistema de castas, coagindo a mão de obra local a um regime de cooperação, ao lado de certo grau de relações interraciais.

A colônia de povoamento pura cria uma economia baseada no trabalho europeu, elimina a população nativa e constrói um "senso de homogeneidade cultural ou étnica identificado ao conceito europeu de nacionalidade".[9] Ou seja, os europeus substituem de forma consciente as comunidades originárias por uma exclusiva. Esta forma de colonização, na verdade, requer uma classe trabalhadora com comprometimento integral ao projeto de construção da nação.

Os marxistas não deveriam enxergar estes exemplos como realidades fixas, mas um espectro sobre o qual as diferentes formas de colonização podem progredir. O modelo sul-africano evoluiu de uma colonização de tipo plantation, nos anos 1800s, para uma de plantation étnica, na qual o trabalho branco existia ao lado do trabalho negro, em um sistema estrito de castas, mais tarde codificado como apartheid. Em 1910, os brancos conquistaram direitos ocupando posições qualificadas no mercado de trabalho e, em 1948, os trabalhadores negros foram forçados a morar nos bantustões, com seus direitos civis restritos de forma

---

8 Gershon Shafir, *Land, Labor and the Origins of the Israeli-Palestinian Conflict, 1882–1914.* Berkeley: University of California Press, 1996. Shafir baseou sua análise nos trabalhos de D. K. Fieldhouse e George Fredrickson.

9 Gershon Shafir, *Land, Labor and the Origins*, apud. Frederickson, 1988.

Na Sombra do Holocausto

legal. Assim como em Israel, a expropriação da população originária andou de mãos dadas com a formação de um estado de bem-estar social a serviço da classe trabalhadora opressora. Ao contrário de Israel, a colonização sul-africana nunca pretendeu eliminar os trabalhadores nativos.

A sociedade colonial, em sua essência, baseia-se naquilo que o historiador australiano Patrick Wolfe chamou de "lógica da eliminação". Enquanto um imigrante se junta à sociedade como ela se encontra, os colonizadores carregam consigo a sua própria soberania – desafiam e, quando bem-sucedidos, deslocam a sociedade nativa. Wolfe argumenta que um movimento colonizador visa construir algo novo, cujo lado negativo exige extinguir a sociedade existente.[10] A aniquilação pode ser alcançada por meio da expulsão, morte ou assimilação. Onde a eliminação é impossível, a separação é a opção próxima mais viável. Em ambos os casos o resultado é o mesmo: uma sociedade substituindo a outra.

A primeira onda de imigração sionista, a "Primeira Aliyah", enquadra-se melhor na categoria de *plantation* étnica.[11] Os sionistas criaram colônias para cultivo agrícola com um empreendedor capitalista, empregando mão de obra local. Depois de 1904, o projeto de colonização foi desenvolvido na forma de um povoamento puro, com os sionistas chegando e rejeitando o uso "elitista" do trabalho nativo, enfatizando o desenvolvimento de um novo judeu "mais forte", que conseguia cultivar sua própria terra.

Com o tempo, o plano sionista evoluiu para a completa expropriação dos palestinos. Mas em 1947-48, a "lógica da eliminação" e o objetivo sionista de criar seu próprio Estado soberano, levou-os a aceitar uma espécie de compromisso territorial – a separação. Em 1948, preferiram renunciar à Palestina histórica na sua totalidade, a fim de garantir uma maioria demográfica e uma economia protegida do trabalho e da produção árabes.

---

10 Patrick Wolfe, *Settler colonialism and the elimination of the native*. Journal of Genocide Research 8, nº 4, 2006, pp. 387-409. Wolfe cita Theodor Herzl no seu panfleto *The Jewish State*, "Se eu quiser substituir um edifício novo por um antigo, tenho de demolir antes de construir."

11 A palavra "aliyah" significa ascensão, como na ascensão a Sião.

Por que a classe trabalhadora israelense não é uma aliada

No assentamento de povoamento puro, a expansão depende do comprometimento dos trabalhadores. Isso porque ele exige grande número de pessoas e de mão de obra. Quando feito excluindo a população local, os próprios colonos precisam satisfazer esta necessidade. Os compromissos de uma classe trabalhadora colonizadora só podem ser exigidos em troca de participação ativa nas colônias de povoamento, como incentivo ao sacrifício e à luta contra as populações nativas.

Na Palestina, este estímulo operou-se pelo investimento direto de capital na classe trabalhadora judaica.[12] Ele foi implementado por meio das instituições associadas ao longo da história ao 'eixo trabalhista' israelense: o Partido Trabalhista e o kibutz. A acumulação primitiva às custas da população nativa, neste caso, concedeu benefícios diretos aos trabalhadores judeus, como os exemplos descritos abaixo - cessão ou venda a preços baixos das terras confiscadas dos palestinos. Em última instância, essa classe trabalhadora foi agente central na substituição da sociedade palestina, pela exclusão do emprego árabe.[13]

O processo de colonização da Palestina segue em curso, com a expansão dos assentamentos na Cisjordânia, no deserto de Naqab – onde há deslocamento contínuo de vilarejos beduínos, e com a manutenção em potencial da colonização de outros territórios próximos, como Gaza. É contínua também a diáspora, com cerca de 10 milhões de palestinos espalhados pela região e pelo mundo. Muitos desejam regressar e todos têm direito a reparação.

Limpeza étnica, o pecado original do sionismo

Fiel à natureza colonial da ocupação, a fundação do Estado de Israel foi concluída pela destruição quase total da existência

---

12 De fato, ao contrário do que acontece nos EUA, havia poucos recursos naturais consideráveis que motivassem a pilhagem das empresas.

13 Ainda hoje, a mão de obra palestina não é utilizada para furar greves ou prejudicar os trabalhadores judeus. De fato, uma estratificação de classe racializada garante que raramente estejam nos mesmos empregos, mesmo dentro das mesmas indústrias. Se assim não fosse, o caráter da colônia pura seria posto em causa.

palestina. Os principais perpetradores da limpeza étnica vieram da ala à esquerda do movimento operário, particularmente dos membros do Partido dos Trabalhadores Unidos, o MAPAM.[14] Segundo Joel Benin: "A maioria dos dirigentes do Palmah, Haganah, e mais tarde das forças armadas de Israel, eram filiados ao MAPAM, que assumiu a responsabilidade política e operacional pela condução da guerra de independência de Israel."[15]

Os kibutzim do MAPAM e outros assentamentos judaicos expulsaram os palestinos de suas terras e confiscaram suas colheitas. Com a cobertura fornecida pela União Soviética, de que os militares árabes e seus apoiadores britânicos eram reacionários, os colonos argumentaram que a formação de um estado judeu era um golpe contra o imperialismo britânico.

A apropriação dos domínios palestinos, enfatiza Benin, foi uma forma de acumulação primitiva que permitiu o desenvolvimento econômico do Estado de Israel, em particular na agricultura. Não foi a burguesia, como Machover e Orr explicaram em seu ensaio, que se apropriou primeiro deste capital roubado, mas sim o Estado e a burocracia do Partido Trabalhista. Os imóveis palestinos desocupados foram depois redistribuídos à população judaica de Israel, que dobrou de tamanho em menos de quatro anos. Em 1954, mais de 30% dela vivia em propriedades árabes. Acima de 1,1 milhão de acres de terras cultiváveis foram confiscados de "árabes ausentes, presentes e 'presentes-ausentes'",[16] o que aumentou as terras agrícolas judaicas em 250%. A agência das Nações Unidas para os Refugiados estimou o valor da riqueza roubada em mais de cinco bilhões de dólares na moeda atual.[17]

---

14 Descendente do partido borochovista Poalei Tzion e precursor do Meretz, o MAPAM formou-se em 1948, sob os auspícios do desafio da esquerda marxista-sionista ao partido MAPAI (Partido dos Trabalhadores da Terra de Israel). Ver notas 19 e 25.

15 Joel Benin, *Was the Red Flag Flying There?*. Berkeley: University of California Press, 1990.

16 "Presente-ausente" é uma designação que Israel deu aos palestinos que permaneceram dentro das fronteiras de 1948, mas que não foram autorizados a regressar às suas casas originais.

17 Ibid.

Por que a classe trabalhadora israelense não é uma aliada

A Hegemonia do Partido Trabalhista

Fundado em 1930, o MAPAI (Partido dos Trabalhadores da Terra de Israel, hoje Partido Trabalhista) de David Ben-Gurion, dominou a direção da Confederação Geral do Trabalho Hebraico, HaHistadrut.[18] Após a criação do Estado de Israel, as instituições do MAPAI assumiram a gestão do fluxo de capital externo.[19] Ele conseguiu satisfazer as necessidades materiais dos trabalhadores e subsidiar os interesses empresariais devido a bilhões de dólares em investimentos estrangeiros, unilaterais, em Israel: doações de judeus do mundo todo, reparações da Alemanha Ocidental e incentivos do governo dos Estados Unidos.[20]

Ben-Gurion, atuando como secretário da Histadrut, e mais tarde, como primeiro-ministro de Israel, formou um acordo tripartite entre o Estado, a burguesia e os trabalhadores, por vezes descrito como corporativismo.[21] Este acerto incorporou a propriedade

---

18 Fundada em 1920, a Histadrut encarregou-se de contratar trabalhadores judeus na Palestina, quer assegurando-lhes posições dentro de instituições e empresas existentes, quer empregando-os diretamente através da sua própria empresa contratante e de outras subsidiárias. Também fundou seu próprio sistema de saúde e banco. Tornou-se o principal agente de boicote ao trabalho e à produção árabes e foi, desde o início até o final da década de 1960, uma organização trabalhista exclusivamente judaica. Por atuar também como empregador, funcionou ao contrário de outros sindicatos de trabalhadores e, muitas vezes, colaborou com o Estado e a burguesia para conter a militância dos trabalhadores.

19 Uma vez que o Histadrut já não estava construindo o Estado, deixou de desempenhar um papel central no projeto sionista, e o MAPAI tomou o seu lugar. No entanto, as empresas e coletivos afiliados ao Histadrut proliferaram depois de 1948, sendo que, na década de 1950, o Solel Boneh gerava 8% do rendimento nacional de Israel. As empresas do Histadrut empregavam 25% da força de trabalho; metade dos seus membros ganhava a vida de alguma forma através do Histadrut.

20 Apenas entre 1952-66, a Alemanha Ocidental pagou a Israel 3 bilhões de marcos em reparações. Hoje, isso equivaleria a mais de 111 bilhões de dólares. Nos primeiros anos, representou quase 90% da renda de Israel.

21 Um "sistema corporativista" foi um tratado comum pós-Segunda Guerra Mundial entre o governo, o partido trabalhista no poder e um sindicato nacional com os capitalistas da nação, num esforço para salvar o capitalismo. Lev Luis Grinberg, no seu estudo sobre o corporativismo israelense, "Split Corporatism in Israel" (Albany: State University of New York Press, 1991) descreve-o como um acerto baseado no pleno emprego, aliado à restrição salarial. O governo deveria subsidiar a subsistência dos trabalhadores com benefícios não derivados dos salários. No entanto, tal compromisso nunca foi realmente efetivado em Israel. Os acadêmicos, como Grinberg, que

Na Sombra do Holocausto

árabe expropriada e criou um mercado de trabalho segregado, que empregava exclusivamente judeus (com poucas exceções), antes de 1967. Até hoje, judeus e árabes raramente trabalham juntos, em um mercado altamente estratificado.

A expropriação, a segregação e o capital estrangeiro, em conjunto, ofereceram crescentes padrões de vida à classe trabalhadora. Em troca, o MAPAI exigia disciplina rigorosa, justificada pelo "constante conflito com os árabes". Dado que nas primeiras duas décadas de existência de Israel, 40% os empregados no país eram funcionários da Histadrut e do estado israelense, eles compartilhavam dos mesmos interesses dos capitalistas em restringir a militância dos funcionários. Na verdade, sua força derivava em particular dessa competência em limitar a mobilização operária.

A única exceção ao controle de ferro do MAPAI foi uma greve de marinheiros, de 43 dias, ocorrida ao final de 1951. Eles, que trabalhavam para a empresa de navegação ZIM, de propriedade da Histadrut, desafiaram a natureza verticalizada do sindicalismo em Israel e sua subordinação ao MAPAI. Porém, mesmo assim, apenas dois dos grevistas romperam com o sionismo. Um deles foi o autor mencionado acima, Akiva Orr. Nesse caso, a exceção confirma a regra.

A natureza colonizadora dessa classe operária forneceu-lhe uma posição única de "parceira" com o Estado, expresso nos acordos tripartites entre sindicatos, governo e empregadores. Isto lhe garantiu proteções, subordinando ao mesmo tempo seus interesses de classe aos do Estado. Os trabalhadores israelenses receberam (ou tomaram) grande parte do saque de 1948; gozavam de benefícios em habitação, educação e saúde, proporcionados pela

---

teorizaram sobre o sucesso ou os limites do corporativismo israelense, sugeriram que Israel caiu numa categoria pluralista, um Estado em que os interesses de classe eram representados por organizações poderosas, que lutavam por influência. Aparentemente, eles exercem tal interferência em graus semelhantes. Na realidade, é a natureza particular de uma classe trabalhadora colonial que a coloca na posição única de "parceira" do Estado. Isto garante-lhe algumas proteções, ao mesmo tempo que subordina os seus interesses particulares aos do Estado e da classe capitalista à qual esse está vinculado. No caso israelense, o corporativismo era objetivamente dispensável, argumenta Shalev, porque mesmo na sua ausência, o conflito de classes revolucionário poderia ser evitado.

Por que a classe trabalhadora israelense não é uma aliada

Histadrut e pelo Estado. Até 1973, desfrutaram de um padrão de vida elevado, próximos aos da Europa, sem comparações às nações árabes da região. Cooperaram, por isso, com consistência junto ao Estado e os empregadores.

Judeus Mizrahim na sociedade israelense

Nos primeiros anos de Israel, os judeus mizrahim – imigrantes de países do Oriente Médio e do Norte da África – ocupavam funções não qualificadas, que seus pares brancos, veteranos, não desejavam. Foi negada aos mizrahim a formação necessária para avançarem suas posições no mercado de trabalho. Assim começou um longo legado de discriminação racial interjudaica.

Os mizrahim são hoje cerca da metade da população judaica. Eles constituem a maior parte da classe trabalhadora, dos operários e dos pobres de Israel. As disparidades entre os asquenazes (em geral de ascendência da Europa Oriental), e os mizrahim são maiores por conta das políticas discriminatórias iniciais,[22] baixos níveis de mobilidade social e a aplicação de políticas neoliberais, que minaram as proteções sociais. No geral, os judeus de ascendência europeia, de classe alta e média, cujas famílias possuem terras e têm empregos bem remunerados, continuam sendo os principais vitoriosos com a ocupação.

Embora os mizrahim enfrentem discriminações, eles são tão patrióticos como os seus compatriotas asquenazes. Pela tendência a integrar a base eleitoral aos partidos de direita no parlamento, muitos são mais racistas que os asquenazes. Na realidade, aqueles nascidos em Israel tendem a ser mais de direita do que os seus pais, que emigraram de países árabes ou de maioria muçulmana. Assim, o lugar de origem ou etnia não explica o

---

22 Por exemplo, os trabalhadores de Mizrachi foram muitas vezes impedidos de entrar no mercado de trabalho, ou recebiam ofertas de empregos não qualificados, sazonais ou temporários. Eles também foram alojados em tendas "temporárias" ou unidades habitacionais feitas de estanho durante muitos anos, até serem transferidos para pequenos apartamentos e alojamentos apertados. Entretanto, os seus homólogos brancos foram rapidamente integrados no mercado de trabalho e receberam habitação permanente poucos meses após sua chegada.

Na Sombra do Holocausto

seu racismo. Mais correto seria, com certeza, identificar a classe social e a educação como fatores nos níveis de belicosidade.

Embora o sionismo liberal (uma criação asquenaze) seja muitas vezes visto como uma ideologia menos agressiva, ela é na realidade racista por inteiro. O sionismo liberal ou trabalhista baseia-se na noção romântica de um "retorno ao Oriente", mas rejeita toda a sua cultura, talvez com exceção da culinária. Isso inclui os judeus orientais. Mesmo que esses fossem vistos, em geral, como um vínculo com o passado mítico judaico, eram desprezados pelos seus irmãos europeus. O principal filósofo sionista, Abba Eban, expressou o pensamento sionista trabalhista sobre os judeus mizrahim afirmando: "Longe de considerar os nossos imigrantes dos países orientais como uma ponte para nossa integração com o mundo de língua árabe, nosso objetivo deve ser infundir neles o espírito ocidental, em vez de permitir que nos arrastem para um orientalismo antinatural". Ben-Gurion declarou a famosa frase: "O judeu marroquino puxou muito ao árabe marroquino, e não vejo muito o que possamos aprender com eles. Não gostaria de ter por aqui a cultura do Marrocos".[23]

O apoio dos mizrahim ao partido da direita conservadora Likud (no começo da década de 1960), deu-se como uma rejeição ao establishment racista liberal sionista, que tanto os discriminava. Foi uma rebelião contra a Histadrut e o MAPAI, segundo Michael Shalev, posto que "os judeus mizrahim foram tratados com dureza por um sistema 'residual' de assistências mesquinhas, sujeitas a condições (sem relação com o mercado de trabalho) e formas manipulativas de supostos tratamentos e reabilitações".[24] O MAPAI manipulou essas assistências para obrigar os trabalhadores mizrahim a votar no partido e a pagar as taxas de filiação à Histadrut.

---

23 Eban apud David Hall-Cathala, *The Peace Movement in Israel, 1967–87*. New York: Palgrave MacMillan, 1990, p. 86. GURION *apud* AZKANI, Shay. "The Silenced History of the IDF's 'Mizrahi Problem'". Haaretz, 28 de agosto de 2015.

24 Michael Shalev, *Labour and the Political Economy in Israel*. Oxford, UK: Oxford University Press, 1992.

Por que a classe trabalhadora israelense não é uma aliada

Embora muitos judeus de países não ocidentais se identifiquem como orientais, poucos se reconhecem como árabes. Isto não se deve apenas ao racismo sionista. Os judeus mizrahim vêm de vários países árabes e não árabes. Judeus líbios, egípcios, curdos, iraquianos, iranianos e indianos se definem como mizrahim. Os marroquinos, que formam uma maioria da população mizrahim, em geral não se assumem como árabes. Embora habitassem o Marrocos, eles não se enxergam como tal, mas como magrebinos.[25]

Mesmo para aqueles que se denominam como árabes (muitas vezes através da experiência da discriminação), as condições materiais diferem da dos palestinos e dos árabes na região: todos os cidadãos judeus gozam de direitos civis e humanos, de terras e casas, de benefícios sociais que são negados aos palestinos. Não devemos subestimar a importância dos judeus de qualquer etnia para o Estado de Israel. Ao contrário dos palestinos, que vivem ameaçados de limpeza étnica, os mizrahim são judeus e, assim, fundamentais para manter a maioria judaica. Por isso não podemos desprezar seu compromisso com Israel.[26]

Ao perseguir a mobilidade social ascendente e igualdade na sociedade israelense, os mizrahim batem-se por direitos que são sempre conquistados às custas dos palestinos. A tendência das pessoas pertencentes à faixa de rendimentos mais baixos em Israel optarem mais pela direita, prova a amargura da sua batalha pelos recursos da Palestina. As lutas laborais e as greves políticas em Israel, que desafiaram o colonialismo e o racismo contra os palestinos foram movimentos grevistas palestinos.[27]

25 Ehud Ein-Gil; Moshe Machover, *Zionism and Oriental Jews: Dialectic of Exploitation and Co-optation*. Race & Class 50, nº 3, 2009, pp. 62–76.

26 Ibid.

27 Embora o legado do racismo e da supremacia branca tenha sempre deformado o movimento operário dos EUA, os pontos altos da luta operária obrigaram os trabalhadores a confrontarem-se com as fronteiras de cor. Houve também casos notáveis de solidariedade interracial no Sul, por exemplo – a *Brotherhood of Timber Workers*, o Movimento Populista, e durante a Greve Geral de Nova Orleans de 1892. O *United Mining Workers of America* era notoriamente multirracial, quando a AFL ainda rezava pela cartilha segregacionista. Isso devia-se à periculosidade do trabalho, demandando extrema confiança entre os empregados qualificados e não qualificados. A CIO, sob a liderança moderada de John Lewis, abriu as portas aos trabalhadores negros porque ele per-

Na Sombra do Holocausto

Ocupação e Neoliberalismo

Hoje, é difícil contestar a natureza capitalista da sociedade israelense. No entanto, o desenvolvimento inicial de Israel foi baseado na propriedade estatal e na enorme presença do Estado na economia, assim como por um amplo bem-estar social, que mascarava seu verdadeiro caráter. Isto levou muitos a rotulá-lo de um estado "socialista" ou "social-democrata". No entanto, mesmo naqueles primeiros dias de domínio trabalhista, estavam sendo erguidas as bases para uma classe capitalista, com alta concentração de renda e poder.

Até o final da década de 1950, o sistema, auxiliado pela imigração em massa, funcionou com eficácia, em meio à expansão consistente da economia. Na década de 1960, contudo, a imigração e o investimento estrangeiro diminuíram, resultando na redução do crescimento e, por fim, na estagnação econômica. A burocracia sindical, na realidade, foi enfraquecida pela estratégia de quase pleno emprego. Um ascenso na militância trabalhista e nas greves selvagens desafiou a Histadrut e as autoridades do governo, assim como a legitimidade do MAPAI como mediador entre a classe trabalhadora e os empregadores privados. Por ironia do destino, o pleno emprego minou o Partido Trabalhista e o sindicalismo. Estas realidades foram exacerbadas, ainda, pelo surgimento de empregadores com grande força econômica e política, que optaram por contornar o governo nas negociações com a Histadrut.

Na esperança de enfraquecer a militância trabalhista e livrar-se do capital de menor lucratividade e competividade, o governo desencadeou uma enorme recessão em 1966.[28] Isto provocou uma onda de falências e fusões, eliminando muitas empresas de

---

cebeu que a organização dos trabalhadores não qualificados era a única forma de defender todo o movimento operário. A CIO acabou por assumir posição contra os linchamentos, a segregação e a discriminação racial. As melhores tradições de solidariedade operária na história dos EUA conduziram a tipos de organização e luta inter-raciais, que quase nunca aconteceram em Israel.

28 Ofer Aderer, *"How Levi Eshkol's Government 'Engineered' Israel's 1966–67 Recession"*. Haaretz, 16 de fevereiro de 2016.

Por que a classe trabalhadora israelense não é uma aliada

pequeno porte e acelerando a consolidação do capital privado. Ao mesmo tempo, não se estimulou o crescimento da economia.

A ocupação de Gaza e da Cisjordânia, em 1967, expandiu muito o mercado interno de Israel, ao mesmo tempo em que proporcionou mão de obra palestina barata e altamente explorável. Em meados da década de 1980, os palestinos representavam 7% da força laboral em Israel. A introdução desde conjunto de mão de obra marginal moderou os trabalhadores judeus. Ofereceu a novos setores operários a oportunidade de progresso. David Hall-Cathala, autor de uma pesquisa sobre o movimento pela paz israelense entre 1967 e 1987, escreveu:

> "Para começar, a ocupação dos territórios abriu novos mercados e proporcionou uma vasta reserva de mão de obra barata. Isto gerou independência econômica e mobilidade social ascendente para muitos mizrahim, com resultados interessantes. Em primeiro lugar, passaram a favorecer a ocupação, não por desejo em colonizar os territórios, mas devido ao influxo de força de trabalho barato árabe, que significava que muitos deles já não tinham que fazer o serviço da 'ralé árabe.'"[29]

A expansão territorial de Israel trouxe condições vantajosas para as relações comerciais na Cisjordânia, na Faixa de Gaza e na Península do Sinai. O Estado conseguiu importar petróleo a baixo custo e explorar outros recursos naturais, enquanto exportava mercadorias para um novo mercado cativo.

Com isso, a ocupação serviu aos capitalistas, ao Estado e aos trabalhadores israelenses. Shalev escreve que a manutenção da ocupação reflete os interesses adquiridos pelos "benefícios econômicos da ocupação (para empregadores assim como trabalhadores)

---

29 David Hill-Cathala, *The Peace Movement in Israel, 1967–87*. New York: Palgrave MacMillan, 1990, p. 97.

em Israel".[30] Como resultado, o Estado manteve uma economia de semi-guerra desde então.

A ocupação de 1967 também mudou o caráter da ajuda dos EUA, com maior ênfase no investimento militar. O advento do neoliberalismo sob direção norte-americana, entretanto, ofereceu desregulamentação e benefícios fiscais às empresas, congelamento de salários e privatização de companhias públicas, a partir do final dos anos 1960. Generais do exército foram enviados para escolas de negócios americanas, e encarregados da gestão da indústria. Com o tempo, esses antigos militares e suas famílias dividiram os despojos entre si, lançando as bases para uma elite capitalista mergulhada na corrupção.

O Estado como casulo

Nos primeiros anos, a estrutura de bem-estar social, que oferecia aos trabalhadores israelenses elevados padrões de vida, funcionou em conjunto com subsídios estatais para o capital, criando um "casulo" para os negócios. Os economistas políticos Jonathan Nitzan e Shimshon Bichler formularam o conceito de "estado como casulo". Nitzan e Bichler levantaram a hipótese de que durante o período pré-estatal, devido à ausência de uma classe capitalista sionista, o Estado em formação assumiu a responsabilidade de controlar os investimentos. "Mas", escreve Adam Hanieh, especialista em Oriente Médio, "este controle não era antagônico ao capital privado. Pelo contrário, a partir de 1948, o Estado desenvolveu políticas destinadas a nutrir uma classe capitalista, encorajando algumas famílias importantes a empreender projetos conjuntos e investimentos com empresas estatais e semi-estatais".[31] Este paternalismo continuou na década de 1980, quando uma classe capitalista independente emergiu como a mariposa de um casulo.

---

30 Shalev, *op. cit.*

31 Adam Hanieh, *From State-Led Growth to Globalization: The Evolution of Israeli Capitalism.* Journal of Palestine Studies 32, n° 4, 2003, pp. 5–21.

Por que a classe trabalhadora israelense não é uma aliada

Como explicam Nitzan e Bichler, no processo de desenvolvimento do capital, uma verdadeira classe capitalista surgiu para governar o que era antes dirigido pelo trabalhismo:

"Na superfície, o Estado reinava supremo. O governo MAPAI controlava o processo de formação de capital e alocação de crédito, determinava preços, fixava taxas de câmbio, regulamentava o comércio exterior e dirigia o desenvolvimento industrial. No entanto, este processo pôs em movimento a sua própria negação, por assim dizer, ao plantar as sementes das quais o capital dominante emergiria depois. Neste sentido, o Estado funcionou como um casulo para uma acumulação diferencial. Os conglomerados empresariais emergentes foram, no início, empregados como 'agentes' nacionais para vários projetos sionistas. Com o tempo, porém, essa crescente autonomia ajudou não só na libertação da concha estatal, mas também a transformação da própria natureza do Estado do qual ela evoluiu".[32]

A corrupção individual, no início, estava ausente do processo de financiamento estrangeiro, canalizado para empresas patrocinadas pelo Estado. Mas gerou aquilo descrito por Machover e Orr como "corrupção política e social". Os generais que assumiram o controle das indústrias, e as famílias ricas com as quais eles se associaram, emergiram dos processos de privatização como uma alta sociedade corrupta e todo-poderosa – apoiada, e não confrontada, pelo trabalhismo. As empresas estatais privatizadas, e os negócios beneficiados pelo "casulo", passaram a ser dominados por este pequeno círculo de pessoas. Segundo Nitzan e Bichler, oito clãs controlam hoje a maior parte da economia.[33]

---

32 Jonathan Nitzan, Shimshon Bichler. *The Global Political Economy of Israel*. Londres: Pluto Press, 2002.

33 Para mais informações sobre a natureza incestuosa da classe dirigente israelense e a forma como foi criada, conferir *The Global Political Economy of Israel*, pp. 84-136, de Nitzan e Bichler.

Na Sombra do Holocausto

Nos dias correntes, há amplos exemplos de corrupção disseminados pela economia e a sociedade israelenses. O primeiro-ministro Benjamin Netanyahu, em particular, enfrentou quatro acusações distintas relacionadas a negociações com a elite empresarial de Israel, envolvendo o recebimento de subornos, tentativa de compra de cobertura midiática positiva, promoção de negócios próprios, e até a venda de submarinos ao Estado para beneficiar aliados, amigos e familiares.[34]

A Ajuda e os empréstimos sem contrapartida, oferecidos pelo governo dos EUA a Israel, ao lado da permissão de enormes déficits comerciais, capacitaram "o desenvolvimento de indústrias de exportação de elevado valor agregado, ligadas a setores como a tecnologia da informação, produtos farmacêuticos e segurança."[35] Na década de 1990, os EUA pressionaram os países no Oriente Médio a normalizar suas relações com Israel, primeiro através dos Acordos de Oslo e depois pelo Tratado de Paz com a Jordânia.

Este processo consciente também criou uma distribuição ocupacional com um cume muito pesado. Segundo os números do censo israelense, a porcentagem de judeus classificados como gerentes, engenheiros, técnicos, agentes e profissionais autônomos aumentou de 44% em 1996 para 57% em 2016 (em comparação com 40% da força de trabalho dos EUA, com dados da Agência de Estatísticas do Trabalho no país). As funções mais tradicionais da "classe trabalhadora" (escriturários, serviços e vendas, construção, comércio especializado, indústria de transformação e "ocupações elementares") diminuíram de 55% para 42% do conjunto.[36] As estatísticas de 2016 mostram mais de 635 mil pessoas, ou cerca de

---

34 Ben Sales, "*The Corruption Scandals Plaguing Netanyahu and His Family, Explained*". Times of Israel, 9 de agosto de 2017.

35 Adam Hanieh, *Lineages of Revolt: Issues of Contemporary Capitalism in the Middle East*. Chicago: Haymarket Books, 2013.

36 Cálculos extraídos de "Jewish Employed Persons, by Occupation (2011 Classification), Sex, Continent of Birth and Period of Immigration, 2016, Table 12-9", do Israeli Central Bureau of Statistics. As estatísticas dos EUA são do Gabinete de Estatísticas do Trabalho dos EUA, Quadro A-13, "Table A-13. Employed and unemployed persons by occupation, not seasonally adjusted", abril de 2018.

Por que a classe trabalhadora israelense não é uma aliada

17% do total dos empregados, são não-judeus. A seção não judaica da força de trabalho tem quatro vezes mais probabilidade de estar posicionada em "ocupações elementares", do que os membros do quadro funcional judaico, e quase cinco vezes menos chances de estar em postos gerenciais e profissionais.[37]

Entretanto, com a aprovação de um Plano de Estabilização Econômica, e a assinatura de um tratado de livre comércio com os EUA, em 1985, o governo israelense, dirigido pelos trabalhistas, inaugurou uma era de austeridade para a classe trabalhadora: congelamento de salários, redução das despesas governamentais em infraestrutura e educação, anulação dos direitos de muitos inquilinos de habitações públicas (sobretudo da população mizrahim), privatização dos serviços de saúde (apesar de que muitos cuidados de saúde permaneçam universais) e dos assistência social (embora o departamento permaneça público). Assim, as frentes econômicas e geopolíticas, ao mesmo tempo, polarizaram a força de trabalho judaica israelense entre uma maioria gerencial/profissional/técnica, oposta a um núcleo cada vez menor da classe trabalhadora "tradicional", que suporta o peso da reestruturação neoliberal.

Nesse caso, cabe uma comparação interessante entre Israel e outro Estado povoado por assentamentos de colonos, a África do Sul. Durante o apartheid, a economia sul-africana combinou a assistência social, provida pelo Estado, a uma política de pleno emprego para as famílias brancas, baseada na superexploração da mão de obra negra. Andy Clarno escreve que Israel, assim como a África do Sul, "empregou violência para desapropriar os colonizados, excluí-los da participação política e suprimir a sua resistência. Ambos os Estados também gerenciaram economias fordistas raciais. Ambos sobreviveram à onda de descolonização que transformou a África e o Oriente Médio desde a década de

---

37 Essas estimativas da mão de obra não judaica são calculadas após a subtração das estatísticas da mão de obra "total", para os dados comparáveis de 2016 das estatísticas para os empregados judeus. Ver Tabela 2-10, "Pessoas empregadas, por profissão" (classificação de 2011), dados de 2016, organizados pelo Escritório Central de Estatistica de Israel.

Na Sombra do Holocausto

1950 até a década de 1970".[38] Nos anos de 1980, a África do Sul e Israel enfrentaram crises econômicas que ameaçavam minar seus regimes. Os dois introduziram medidas neoliberais; em Israel os trabalhadores judeus foram prejudicados. Na África do Sul, a crise acelerou o fim formal do apartheid – como a economia sul-africana precisava do trabalho negro (muito mais que a dependência da economia israelense do palestino), a classe dominante sul-africana viu-se forçada a desmantelar o sistema de governo, no início da década de 1990. No lugar disso, as disparidades de riqueza criaram o que Clarno chama de "apartheid neoliberal".[39]

A desigualdade econômica, em Israel, atinge hoje seus níveis mais altos, perdendo apenas para os EUA, entre as nações desenvolvidas. Mas as estatísticas que calculam tais disparidades incluem os palestinos, que têm probabilidade três vezes maior em serem pobres, pois o Estado nega a eles o mesmo padrão de investimentos sociais garantidos os cidadãos judeus. Contando a população judaica de baixo rendimento, são gastos 35% a mais com a manutenção do padrão de vida dos judeus do que dos palestinos.[40] Embora, em 2011, a assistência social seja procurada por uma a cada três famílias – um aumento em cerca de 75% em relação a 1998, segundo o jornal Haaretz – a maioria dos judeus favorecidos por programas sociais procurava auxílio para pais idosos, deficiências e problemas de saúde, com apenas 16% buscando assistência devido à pobreza.

---

38 Andy Clarano. *Neoliberal Apartheid: Palestine/Israel and South Africa after 1994*. Chicago: University of Chicago Press, 2017. Economias que se baseiam em maiores salários e benefícios para os trabalhadores, para promover o consumo. O fordismo também se refere à utilização da produção em linha de montagem.

39 No entanto, Clarno escreve que, atualmente, "a desigualdade na África do Sul é mais grave (...) do que era durante o *apartheid* formal (...) o Estado sul-africano foi democratizado, mas a neoliberalização do capitalismo racial colocou limites importantes à descolonização". O autor afirma que ainda existe um *apartheid* socioeconômico para a maioria dos negros, uma vez que apenas 7,5% das terras sul-africanas foram redistribuídas desde o fim do apartheid. De outro modo, a estratégia colonial neoliberal de Israel envolve, de forma semelhante, a extensão de uma autonomia limitada à Autoridade Palestina, mas com uma degradação da vida dos camponeses e trabalhadores palestinianos. Conferir em Clarno, *op. cit.*

40 Lidar Gravé-Lazi, "*More Than 1 in 5 Israelis Live in Poverty, Highest in Developed World*", Jerusalem Post, 15 de dezembro de 2016.

Por que a classe trabalhadora israelense não é uma aliada

O desenvolvimento econômico conduzido pelo Estado, nos anos de formação de Israel, ajudou a construir um capitalismo privado e corporativo, moldando a economia política israelita. Desde meados da década de 1980, as medidas "ortodoxas" de livre mercado mudaram a relação dos trabalhadores israelenses com o estado social sionista. Eles sofreram ataques nos seus direitos e benefícios sociais, mas continuam a usufrui-los às custas dos palestinos. Muitos desfrutaram de uma mobilidade social que é, de fato, negada aos palestinos. Enquanto isso, uma economia baseada na guerra e na ocupação, proporcionou novas formas de integração da classe trabalhadora israelenses no projeto sionista.

Economia armamentista

A indústria armamentista americana ganhou com a ajuda do governo a Israel, através de equipamentos militares, e os magnatas israelenses foram igualmente rápidos a aproveitar essas oportunidades. À medida em que grandes mísseis, aviões e outros veículos eram montados em solo palestino, a elite empresarial israelense colheu os benefícios, fortalecendo sua inserção na arena global do desenvolvimento de armas. Hoje, Israel lidera em nível mundial a tecnologias de ocupação e "segurança".

Um dos maiores exportadores de armas do mundo, Israel vende até sete bilhões de dólares em tecnologia militar por ano, ou 2,2% de seu produto interno bruto. Um adicional de 1,35% do PIB é dedicado à pesquisa e desenvolvimento militar, e 6,7% são gastos no seu orçamento de defesa – a segunda maior estimativa militar do mundo em porcentagem do PIB, depois da Arábia Saudita. No total, 10,25% da economia israelense tem relação direta com essa indústria. Em comparação, os EUA, maior exportador de armas do globo, oscila em torno de 3,7% do PIB. Israel, é na verdade, o maior fornecedor de armas per capita do planeta, ganhando 98 dólares por cabeça, em nível global. É seguida, de longe, pela Rússia, com 58 dólares per capita, e pela Suécia, com 53 dólares.[41]

41 De acordo com dados do Instituto Internacional de Investigação para a Paz de Estocolmo e do Banco Mundial.

Na Sombra do Holocausto

Tais números não incluem os recursos naturais explorados durante a ocupação na Cisjordânia e Gaza.[42] Não considera as receitas do setor de serviços ou da indústria, nem as construções erguidas na Cisjordânia. Essas cifras são difíceis de quantificar, uma vez que muitas companhias atuam na Cisjordânia, mas têm escritórios em Tel Aviv, para ocultar suas transações. Isto também não considera as exportações israelenses para os territórios ocupados, que representam 72% das importações palestinas e 0,16% do PIB de Israel. A economia israelense está envolvida a fundo em uma rede de despesas e lucros em torno da ocupação e a expansão contínua dos assentamentos.

Com o declínio nos subsídios ilimitados dos governos estrangeiros, o alcance econômico direto do Estado de Israel minguou. Em seu lugar, a ajuda militar dos EUA teve o efeito de aumentar a produção de armas.[43] O auxílio externo já não se dá enquanto investimento direto na classe trabalhadora. Os israelenses são agora recompensados por meio da economia armamentista. É por isso que, apesar da degradação econômica do neoliberalismo, a classe trabalhadora continua, como sempre, comprometida com o sionismo.

O proletariado depende hoje da educação, da habitação e das oportunidades de carreira proporcionadas por sua participação nas forças armadas. Encontrou caminhos para o avanço na indústria de alta tecnologia alimentada pelos militares, com mais de 9% deles concentrados no setor de alta tecnologia.[44] Conforme

---

42 Por exemplo, 89% dos recursos hídricos da Cisjordânia são extraídos pela empresa israelense Mekorot. Do mesmo modo, 0,3% do PIB é gás natural, fornecido principalmente a partir da costa de Gaza.

43 Shalev escreve: "A caraterística mais saliente do pacote de ajuda dos EUA tem sido a sua estreita relação com o custo das compras israelenses de armas americanas (...) em vez de direcionar uma parte importante da ajuda externa à disposição [do governo] para dirigir o desenvolvimento econômico, o Estado utiliza habitualmente quase todo o influxo de ajuda para fins militares. Esta incapacidade de canalizar livremente a ajuda dos EUA nos sentidos mais econômico e politicamente compensadores, eliminou uma das fontes mais importantes do poder do partido dominante". Shalev, *op. cit.*

44 Dados do recenseamento israelita: 297.000 estão empregados em alta tecnologia: 111.000 na indústria de alta tecnologia.

as pensões e os salários reais diminuem, o custo de vida barato nos territórios ocupados tornou-se essencial.

Tal como uma comunidade baseada em torno de uma prisão, a manutenção da vida nos territórios ocupados em 1967 requer, além de tudo, diversos tipos de serviços, para além do escopo das forças armadas, sustentando inúmeros israelenses. Ao deslocar o investimento para concentrá-lo em torno dos confrontos, da ocupação e da produção de armas, a classe trabalhadora agora depende diretamente da economia de guerra.

Enquanto Israel continuar expandindo, expulsando os palestinos de terras redirecionadas aos judeus, retendo os territórios e as riquezas roubadas em 1948, a classe trabalhadora israelense continuará constituindo uma força colonizadora e um executor da ocupação. Mesmo os seus setores mais oprimidos não exigem direitos democráticos e distribuição igualitária para todos, mas sim a sua própria "parte justa" da pilhagem sionista. Na era neoliberal, quando os padrões de vida são rebaixados, a classe proletária israelense aspira distribuir a riqueza entre si mesma.[45] Quanto mais baixo o degrau na sociedade, mais amarga é a batalha. Tal como um presidiário, é improvável que os palestinos encontrem aliados nos guardas e nas comunidades, cujo sustento depende da prisão. A negação de liberdade para uns é a pré-condição da subsistência de outros.

Autodeterminação nacional e a questão democrática

"A nação que oprime outra nação forja as suas próprias correntes", escreveu Marx. Os socialistas acreditam que a classe trabalhadora de um país opressor não pode se libertar enquanto

---

45 Por exemplo, são necessários 148 salários mensais para comprar uma casa em Israel, em comparação a 66 nos EUA, o que torna as residências novas "inacessíveis ao trabalhador médio". No entanto, os preços mais baixos das moradias e os subsídios do governo aos colonos tornam as habitações na Cisjordânia mais acessíveis. Estes fatores econômicos reforçam a vontade de colonizar a Cisjordânia. Ver Miriam Berger "Sticker Shock Greets Israeli Homebuyers", US News and World Report, 14 de fevereiro de 2017.

Na Sombra do Holocausto

esmaga outra. Porém, e quando ela também não puder existir de outra forma? De que liberdades, direitos ou benefícios ela abriria mão para proteger a sua própria existência?

Os socialistas têm uma rica história de apoio a movimentos nacionais e lutas pelas liberdades democráticas – na medida em que expressam um golpe ao imperialismo e à opressão. Apoiamos as lutas nacionais que promovem os interesses da classe trabalhadora, quando o sucesso dessa luta leva à eliminação do inimigo comum, a nação opressora. Mas o sionismo não renunciou a um "inimigo comum" para a classe trabalhadora judaica e sua burguesia. Na verdade, ele criou no árabe e palestino um "inimigo" permanente.

Os socialistas não sustentam a "autodeterminação" em abstrato. Analisamos a situação concreta que possibilita a sua batalha. Por exemplo, Marx opôs-se à "autodeterminação" dos Estados Confederados da América, porque era óbvio que essa exigência surgiu para preservar a escravidão. Israel, hoje, é um projeto colonial ativo, que depende da contínua desapropriação e supressão da vontade e dos direitos dos povos originários. Aos palestinos é negada a entrada em Israel, não podem regressar às suas casas e terras, sendo a eles recusada a cidadania, igualdade de direitos, direito ao voto e as liberdades democráticas e civis básicas.

O sionismo não avançou o movimento internacional da classe trabalhadora; pelo contrário, ele atenuou a luta de classes dentro de Israel, ajudou e encorajou nações imperialistas e ditaduras implacáveis por todo o mundo, cometendo inúmeras atrocidades contra o povo palestino, em nome de sua própria soberania.

O nacionalismo palestino, incluindo a exigência por um estado único, em que todos tenham direitos iguais, promove a democracia na região, em oposição a um regime que apoia ditaduras e políticas imperialistas ao redor do planeta. Os movimentos democráticos contra Israel desempenham uma função no avanço da libertação da classe trabalhadora internacional. É difícil imaginar uma revolução socialista que não resulte de um

Por que a classe trabalhadora israelense não é uma aliada

movimento internacional anti-imperialista e democrático. A concessão do direito à cidadania plena aos palestinos - isso é, o direito de regresso para os refugiados, assim como o fim da ocupação militar terrestre, marítima e aérea israelense -, resultariam no fim do domínio demográfico dos judeus israelenses, encerrando, por consequência, a etnocracia judaica. Uma revolução democrática, portanto, colocaria em risco a existência do proletariado israelense, enquanto classe trabalhadora judaica. Uma solução democrática anularia os inúmeros benefícios e a riqueza que sustentam o seu nível de vida. Na Cisjordânia e em Gaza, o PIB per capita é de cerca de 4.300 dólares; em Israel é cerca de 35.000 dólares. O fim da segregação exporia o proletariado israelense a uma queda livre no seu padrão de vida.

Os trabalhadores israelenses, na prática, são incapazes de tirar conclusões democráticas dos movimentos sociais. Em uma notável exceção, no início da década de 1970, os Panteras Negras mizrahim israelenses relacionaram a sua opressão ao racismo e à discriminação enfrentados pelos palestinos. Foi um fato notável, cuja provável influência veio dos ativistas do Matzpen, que os apoiavam. O seu movimento foi reprimido com métodos mais brutais e violentos do que qualquer outra ação por justiça social, na história de Israel. No entanto, eles também subordinaram o tema do sionismo às questões econômicas que enfrentavam.

O Movimento das Tendas, de 2011, que se inspirava de forma aberta nas mobilizações democráticas e sociais da Primavera Árabe, foi liderado, em particular, por judeus asquenazes de classe média (originalmente os principais beneficiários do estado de bem-estar social). O neoliberalismo e as privatizações favoreceram muitos dos pais dos jovens manifestantes, o que explicaria porque aspiravam a recuperar privilégios perdidos, sem acabar com o neoliberalismo e o livre mercado, muito menos com a natureza colonialista de Israel. A veterana socialista israelense, Tikva Honig-Parnass, escreve que, "apesar do apelo à justiça social, quaisquer apelos à mudança democrática em Israel foram inequivocamente rejeitados pela grande maioria do movimento".[46] Uma revolução socialista não pode depender de uma luta de classes apolítica, exigindo uma dimensão regional, democrática e de inclusão dos palestinos.

No início de dezembro de 2017, dois grandes movimentos de protestos surgiram em paralelo – um na Cisjordânia e em Gaza, o outro em Tel Aviv. Os palestinos conduziram uma greve geral e saíram às ruas protestando contra a decisão do então presidente americano Donald Trump, de reconhecer Jerusalém como a capital de Israel. Enquanto isso, os protestos semanais anticorrupção contra os crescentes escândalos de Netanyahu atingiram dezenas de milhares, conforme um novo projeto de lei foi apresentado para impedir a polícia de divulgar suas conclusões. Assim como em 2011, eles rejeitaram as políticas de "esquerda" e "direita". Mas este repúdio não foi uma objeção ao sionismo, ao establishment ou ao Estado. Na verdade, ela sinalizou o caráter conservador dos manifestantes e das suas reivindicações. Grandes bandeiras israelenses e gritos como "Viva a nação de Israel" faziam parte dos comícios. Eldad Yaniv, uma das principais figuras dos protestos, apelou repetidas vezes a todos os patriotas e amantes de seu país, até mesmo os membros da coligação de extrema-direita como Naftali Bennett e Ayelet Shaked, a rejeitarem Natanyahu e aqueles que "injustiçaram o povo israelense". Um pequeno grupo de ativistas israelenses da campanha de BDS (boicote, desinvestimento e sanções), que participaram com as letras B, D e S gigantes foram atacados, e seus cartazes destruídos pela multidão. Na verdade, dois dias depois do anúncio de Trump, enormes grupos de manifestantes passaram a cantar "Jerusalém para Sempre" nestas marchas.

Alguns socialistas argumentam que a luta por uma Palestina democrática é inviável devido à oposição da classe trabalhadora israelense. Afirmam que os palestinos, ao contrário dos sul--africanos negros, são uma minoria sem influência econômica, incapaz de derrubar o regime. Concluem que a única solução é

---

46 Tikva Honig-Parnass, "*The 2011 Uprising in Israel*", 12 de janeiro de 2012.

Por que a classe trabalhadora israelense não é uma aliada

uma revolução socialista em nível regional.[47]

Embora seja verdade que a questão Palestina esteja ligada a uma solução regional, a suposição de que o regime sionista só pode ser derrubado através do socialismo e que, portanto, não devemos apelar a um Estado único, não-exclusivista e democrático, desconsidera a existência do movimento de libertação nacional palestino e a sua luta pela democracia. Além disso, uma revolução democrática, abrangendo ditaduras explícita ou implicitamente aliadas dos EUA e Israel (cujo potencial testemunhamos na Primavera Árabe de 2011), certamente excederia o poder da classe trabalhadora israelense.

Dada a fragilidade da esquerda socialista no Oriente Médio, não há relação inevitável entre a revolução democrática e uma socialista. Seria improvável o envolvimento das massas de trabalhadores árabes em uma revolução socialista, sem um apelo democrático inicial, em uma região marcada pela resistência à repressão, à ditadura e ao imperialismo. Os trabalhadores árabes deixaram claro, durante a Primavera Árabe de 2011, que anseiam pela democracia – e que isso tem vínculos diretos com sua luta enquanto classe. Por último, um Estado único, em que judeus e não-judeus tenham direitos iguais, cria a possibilidade da fundação de uma classe trabalhadora multirracial.

Conclusão

Este texto analisou, em primeiro lugar, a existência de diferenças inequívocas no comportamento de uma classe trabalhadora colonialista, comparada a uma classe trabalhadora tradicional. Sendo incentivada a promover a colonização, ela atua como colaboradora da sua própria classe dominante.

Em segundo lugar, a limpeza étnica da Palestina, como forma de acumulação primitiva, quando décadas de benefícios diretos de financiamento estrangeiro, permitiram à classe trabalhadora

---

47 Essas posições estão expostas em Moshe Machover, *"Belling the Cat"*, 13 de dezembro de 2013. A crítica de Tikva Honig-Parnass a esta posição em *"One Democratic State in Historic Palestine"*.

israelense adquirir um nível de vida que ela não está disposta a abandonar. Na medida em que esta riqueza diminuiu, com a ascensão do neoliberalismo e a deterioração do estado de bem-estar social, a classe proletária deseja regressar a uma época em que possuía uma parcela maior da riqueza oferecida pela colonização.

Concluímos, ainda, que as mudanças de um Estado de bem-estar social para uma economia de guerra aprofundaram a dependência dos trabalhadores israelenses em relação à ocupação, como um guarda carcerário vinculado à prisão, por motivos de subsistência.

Por último, afirmamos que a autodeterminação e os direitos dos palestinos, ou de qualquer população originária, negam por pressuposto os privilégios especiais de uma classe colonizadora. Isto é demonstrado com clareza pela oposição israelense ao BDS (boicote, desinvestimento e sanções). O apelo à igualdade por prerrogativas cidadãs e ao direito de regresso, que são as reivindicações centrais do movimento de boicote, foram rejeitados pela esquerda sionista, bem como pela classe trabalhadora israelense.

Contudo, o fato de a campanha de boicote poder alienar os israelenses não é um argumento contra ela. Pelo contrário: a luta por um Oriente Médio democrático – da qual o movimento de BDS (boicote, desinvestimento e sanções) é uma parte central – tem o potencial maior de mudar o caráter da classe trabalhadora israelense, de uma força contrarrevolucionária, para uma frente com potencial revolucionário. Deveria ficar óbvio que os trabalhadores israelenses não são incapazes de se solidarizar com os palestinos sob uma perspectiva humana, mas devido às suas condições materiais. Se elas mudassem através de uma revolta revolucionária, democrática ou socialista, a classe trabalhadora israelense teria o potencial de ser conquistada para uma concepção internacionalista, fundamental para o socialismo. Podemos argumentar que, ao lutar pela democracia na Palestina e mudar as realidades materiais por lá, temos uma oportunidade de liberar a classe trabalhadora judaica de seus laços com o Estado, e abrir caminho para a revolução socialista, a serviço de todos.

Por que a classe trabalhadora israelense não é uma aliada

Os nossos esforços precisam voltar-se para as mudanças democráticas e a solidariedade com os aliados naturais da classe trabalhadora internacional – as classes trabalhadoras árabes. Deveríamos desenvolver relações reais com a luta de libertação nacional palestina, onde quer que ela surja. Precisamos afiar a nossa compreensão da esquerda no Oriente Médio, das forças que se organizam (muitas vezes em clandestino), e apoiá-las enquanto enfrentam a contrarrevolução na região.

Machover e Orr previram que um movimento revolucionário das classes trabalhadoras árabes alteraria por inteiro o status quo no Oriente Médio atual, e o papel de Israel dentro dele. Afirmaram:

> "Ao libertar as atividades das massas no mundo árabe, a correlação de forças poderia mudar; isto tornaria obsoleto o tradicional papel político-militar de Israel, reduzindo sua utilidade para o imperialismo. No início, Israel seria provavelmente utilizada em uma tentativa de esmagar um avanço revolucionário no mundo árabe; no entanto, fracassada esta tentativa, sua função político-militar face ao mundo árabe acabaria. Uma vez terminado essa função e os privilégios que lhe estão associados, o regime sionista, por depender dessas vantagens, estaria sujeito a desafios massivos vindos de dentro de Israel."[48]

As ondas da Primavera Árabe de 2011 e 2019 constituíram um farol de esperança em uma região dominada pelo imperialismo, autocracia e repressão. As vitórias destas lutas, ainda que temporárias, abriram uma fresta para um outro mundo possível. Que a próxima revolta varra todas as velhas etnocracias e autocracias, o sectarismo e a opressão, supressoras da vontade dos trabalhadores.

---

48 Machover *et. al.*, *op. cit.*, p. 87–101.

Raça, Palestina e Direito Internacional

Noura Erakat, Darryl Li e John Reynolds[1]

---

1 Publicado em American Journal of International Law, *"Race, Palestine and International Law"*, 28 de março de 2023. Traduzido por Mateus Forli.

Este ensaio retoma dois pontos críticos no emaranhado histórico da Palestina e o direito internacional, em que as questões de raça e racismo ocupam espaço central: primeiro, os debates em curso sobre regime e crime de apartheid; segundo a hoje repudiada Resolução 3379 da Assembleia Geral das Nações Unidas, que reconhece o sionismo como uma forma de racismo e discriminação racial. Ambas expressam a importância de compreender raça e colonialismo como conceitos interligados, impossíveis de serem entendidos por si, isolados um do outro.

A centralidade da Palestina nos debates de direito internacional sobre raça, racialização e racismo derivam, em grande parte, da peculiaridade temporal do movimento sionista e sua tentativa de instituir um novo Estado colonialista de povoamento, em paralelo à intensificação mundial da descolonização formal e das denúncias liberais contra o racismo. Em 1922, a Liga das Nações afirmou o objetivo de criar, na Palestina, uma colônia de povoamento para o povo judeu – negando a autodeterminação nacional da população árabe – no direito internacional público.[2]

O Mandato da Palestina apagou o status nacional palestino de três formas; primeiro, enquadrando os árabes como incapazes de se autogovernarem, depois, realçando a importância da criação de um lar nacional judaico, e, por fim, distinguindo a Palestina dos outros mandatos de classe A, por sua relevância religiosa, que ultrapassava os interesses de qualquer grupo nacional. Um século depois, a "questão" da Palestina segue em aberto, ocupando espaço central nas lutas antirracistas e anticolonialistas no direito internacional.

---

2 Avalon Projec., *The Palestine Mandate; 1922*, Lillian Goldman Law Library, 1922.

O sionismo, neste contexto, significa apoio à criação e manutenção de um Estado para todos os judeus na Palestina histórica, cuja maioria demográfica e cidadania preferencial são judaicas. O movimento sionista criou Israel através da guerra e da transferência de três quartos da população palestina nativa, em 1948. Esse Estado é uma expressão do sionismo, sendo também seu canal para um processo contínuo de colonização, povoamento e deslocamento. Como observou o jurista e acadêmico palestino Fayez Sayegh, em 1965, "a dissipação de um período cruel e vergonhoso da história mundial coincidiu com o surgimento, na ponte terrestre entre Ásia e África, de um novo ramo do imperialismo europeu, e uma nova variedade racista de colonialismo".[3] Ao contrário dos Estados colonizadores anglo-saxônicos mais antigos, que puderam continuar suas práticas coloniais com menos fiscalização internacional, a crescente natureza anacrônica de Israel, com frequência, posiciona-o como estudo de caso nos debates atuais sobre racismo e colonialismo.

A "Questão" Palestina

A importância de se entender raça e colonialismo como conceitos que desempenham funções distintas, mas com interligações irrevogáveis, é realçada pela questão Palestina. Os contínuos debates entre juristas e acadêmicos das tradições da Teoria Crítica de Raça (*Critical Race Theory*), e das Abordagens Terceiro-Mundistas para o Direito Internacional (*Third World Aproach to International Law*), também nos lembram desta dinâmica em outras partes do mundo.[4] A Palestina representa, portanto, um sinal de alerta sobre a "guinada racialista" debatida nesse simpósio.* Embora as perspectivas terceiro-mundistas do direito internacional tenham, muitas vezes, dado pouca atenção para as implicações

---

3 Fayez A. Sayegh, *Zionist colonialism in Palestine, Research Center Palestine Liberation Organization, Beirut*, setembro de 1965.

4 E. Tendayi Achiume & Aslı Bâli, *Race and Empire: Legal Theory Within, Through, and Across National Borders*, UCLA Law Review, 3 de maio de 2021.

Raça, Palestina e Direito Internacional

teóricas no conceito de raça, ou rapidamente a subsumiram na categoria de colonialismo, precisamos ser mais cuidadosos e precisos,[5] para evitar que referências precipitadas sobre raça e direito internacional se limitem a reafirmar argumentos sobre o colonialismo ou, pior ainda, reproduzam um nacionalismo metodológico que desligue raça das suas dimensões globais.

É preciso reafirmar, por isso mesmo, o parâmetro fundamental do sionismo ser, *ao mesmo tempo,* um projeto racializando e colonial. O sionismo sustenta que todos os judeus do mundo são um único grupo, baseado apenas na descendência hereditária, independente de qualquer vinculo pessoal ou familiar ao território específico em questão. Ele insere uma forma de propriedade na nacionalidade judaica – incluindo direitos à terra, à cidadania, ao emprego, à vida e à habitação – baseados na desapropriação contínua e sistemática dos palestinos, categorizados com fungíveis nômades "árabes".[6] O projeto sionista implica, portanto, uma hierarquia racial, que é também explicitamente global: o Estado de Israel não favorece apenas a parte judaica da sua população em detrimento da parte não-judaica, mas garante também direitos superiores aos judeus estrangeiros. Esta interligação, por isso, tem sido obscurecida nos dois debates fundamentais em torno da Palestina e do direito internacional.

Uma das discussões mais importantes – e polêmicas – acerca do racismo e o direito internacional remete ao conceito de "apartheid". Na origem um eufemismo utilizado pelos supremacistas brancos afrikaner para justificar e organizar seu regime colonial, "apartheid" foi transformado num termo de opróbrio no direito internacional, pelos movimentos de libertação nacional do sul da África. O apartheid, como forma flagrante de segregação e dominação racial, foi proibido pela primeira vez na Convenção Internacional sobre a Eliminação de Todas as Formas de Discriminação

---

5 Darryl Li, *Genres of Universalism: Reading Race Into International Law, With Help From Sylvia Wynter* UCLA law review, 3 de maio de 2021.

6 Noura Erakat, *Whiteness as Property in Israel: Revival, Rehabilitation, and Removal,* Harvard Journal of Ethnic and Racial Justice, 2015.

Racial,[7] de 1965. Foi depois classificado como crime contra a humanidade na Convenção Internacional sobre a Imprescritibilidade dos Crimes de Guerra e dos Crimes Contra a Humanidade,[8] de 1968, e codificado de forma mais completa em 1973, na Convenção Internacional sobre a Supressão e Punição do Crime de Apartheid.[9] Até hoje, nenhum órgão jurídico internacional concluiu estender o conceito de apartheid para além do sul da África em um julgamento concreto, embora os órgãos dos tratados de direitos humanos, como o Comitê para a Eliminação da Discriminação Racial, confirmam sua aplicabilidade universal. O debate mais antigo e intenso sobre a pertinácia do conceito de apartheid fora de seu contexto original – e, portanto, o principal ponto de contestação da sua universalização[10] – tem sido a Palestina.

Apartheid sem racismo?

Nos últimos anos, a natureza do sistema de apartheid na Palestina também ocupou um espaço cada vez mais central na análise jurídica internacional – através dos trabalhos de juristas, mecanismos da ONU e organizações ativistas ocidentais. Mas boa parte desta produção não faz referência ao colonialismo de povoamento ou ao sionismo, nem mesmo à constituição do Estado israelense enquanto uma entidade de apartheid, desde a sua formação, em 1948. Em vez disso, as intervenções hegemônicas enquadram a situação em uma narrativa, segundo a qual a caracterização de apartheid origina de um passado mais recente. A realidade é que essa evolução refere-se menos a anomalias e aberrações, e mais à continuação e sistematização. Portanto, enquadrá-las como um

---

7 Assembleia Geral da ONU, resolução 2106 (xx), *International Convention on the Elimination of All Forms of Racial Discrimination*, 21 de dezembro de 1965.

8 Assembleia Geral da ONU, resolução 2391, *Convention on the Non-Applicability of Statutory Limitations to War Crimes and Crimes Against Humanity*, 11 de novembro de 1970.

9 Assembleia Geral da ONU, resolução 3068, *International Convention on the Suppression and Punishment of the Crime of Apartheid*, 18 de july de 1976.

10 John Dugard e John Reynolds, *Apartheid, International Law, and the Occupied Palestinian Territory*, European Journal of International Law, vol. 3, No 3, agosto de 2013.

novo ponto de partida, com independência relativa das estruturas elementares ou da ideologia colonial, possibilita a narrativa de que o apartheid israelense surge de práticas viciadas,[11] "sem fundamento em uma ideologia racista".

Essa noção de apartheid, "sem ideologia racista", baseia-se em tensões de longa data, referentes ao entendimento do próprio apartheid no direito internacional. Desde a década de 1960, o ele conceituou a prática de apartheid em duas linhas paralelas: uma leitura anticolonial, enfatizando a negação de um direito coletivo à autodeterminação por um regime opressivo de dominação racial; e uma interpretação mais liberal, tratando-o como discriminação sistêmica contra indivíduos de um determinado grupo racial, no bojo do sistema jurídico de um Estado.

Desde o início formal do apartheid na África do Sul, em 1948, intelectuais, líderes políticos e juristas do terceiro mundo entenderam com clareza o apartheid enquanto arquitetura jurídico-política do colonialismo, e não algo novo ou distinto. Depois de 1960, quando o bloco do terceiro mundo assumiu uma posição majoritária na ONU, as resoluções da Assembleia Geral das Nações Unidas começaram a empregar, com consistência, a linguagem da autodeterminação e do fim do colonialismo em todas as suas formas e manifestações. Condenaram repetidamente o apartheid como regime de dominação racial, constituinte de violação inerente à autodeterminação. O apartheid era entendido em grande medida como um regime colonial de ocupação estrangeira, exigindo soluções semelhantes: libertação coletiva e restituição de terras.

A lógica individualizante dos direitos humanos e do direito penal internacional, ao longo do tempo, se impôs a partir da marginalização, no início da década de 1980, das correntes mais radicais, que reivindicavam a libertação do terceiro mundo, e cuja política antiimperial ameaçou brevemente transformar o direito internacional. Com isso, as implicações essenciais anticoloniais,

---

11 Yesh Din., *The Israeli occupation of the west bank and the crime of apartheid: legal opinion, position paper*, junho de 2020.

da proibição do apartheid, foram secundarizadas. O apartheid, enquanto "colonialismo de um tipo especial" – como descrito pelo Partido Comunista Sul-Africano –, foi reformulado para (ou reduzido a) algo mais próximo de "discriminação racial de um tipo especial".

É compreensível, portanto, que as organizações de direitos humanos tenham utilizado a versão menos controversa, e mais restrita de apartheid, oferecida pelo direito internacional. Conseguem, assim, fugir das consequências impostas pela realidade material da descolonização, face a um projeto de colonização em curso. Esse entendimento mais liberal do apartheid, voltado ao direito penal, pode ser potencialmente remediado pela igualdade formal, sem a necessidade de lidar, de forma direta, com a conquista colonial e a economia política consolidada pelo regime de apartheid. Nesse sentido, o apartheid poderia ser "liquidado" sem descolonização, restituição ou redistribuição.

Na África do Sul, essa leitura mais restrita do apartheid produziu uma forma de "neo-apartheid".[12] Na Palestina, isso permitiria dissociar o apartheid israelense do colonialismo de povoamento. Assim, a centralidade da autodeterminação precisa estar em primeiro plano nos debates sobre apartheid – não só para o bem dos palestinos, mas a favor de todos os que procuram um enquadramento abrangente do apartheid nas lutas contra o racismo e o colonialismo.

O sionismo como racismo

Enquanto a proibição do apartheid era desenvolvida como um instrumento antirracista no direito internacional, registrava-se um esforço paralelo para designar o sionismo como uma forma específica de racismo. No âmbito da iniciativa da ONU[13], "Década

---

12 Tshepo Madlingozi, *Social justice in a time of neo-apartheid constitutionalism: critiquing the anti-black economy of recognition, incorporation and distribution*, Stellenbosh Law Review, vol. 28, n. 1, 2017.

13 Assembleia Geral da ONU, sessão n. 30 do 30 comitê, Elimination of all forms of racial dis-

Raça, Palestina e Direito Internacional

contra o Racismo", uma coligação de Estados procurou inserir a palavra "sionismo" nos textos sempre que aparecessem expressões como colonialismo, discriminação racial, subjugação estrangeira e apartheid. Em 10 de novembro de 1975, a Assembleia Geral da ONU aprovou a Resolução 3379, reconhecendo o sionismo como uma forma de racismo. Essa determinação nomeava de forma explícita o sionismo, ao lado do "colonialismo e do neocolonialismo", bem como do apartheid, citando também um juízo da Organização da Unidade Africana, que designava a "origem imperialista comum" dos "regime[s] racista[s]" na Palestina, Zimbábue e África do Sul.

A Resolução 3379 baseou-se em análises sobre o caráter racista e colonial do sionismo, desenvolvidas antes no âmbito da luta de libertação palestina. O principal arquiteto da resolução foi o próprio Fayez Sayegh. Ele destacou de que modo a pureza racial, a segregação e a supremacia constituíam o sionismo. Nas Nações Unidas, Sayegh explicou como, para o sionismo, "o vínculo racial fazia de um judeu um judeu", comprovando seu argumento ao ler em voz alta[14] os escritos do fundador do sionismo moderno, Theodor Herzl. Muitos entenderam a ironia inerente às reivindicações sionistas de uma raça judaica singular, dado que refletia um pilar do antissemitismo, baseado na impossibilidade de aceitação dos judeus na Europa.

O voto contrário mais conhecido à Resolução 3379 veio, como esperado, dos Estados Unidos. O embaixador norte-americano Daniel Moynihan rejeitou a ideia de que o sionismo pudesse ser uma forma de racismo, e insistiu em explicá-lo como um movimento político –ponto que observadores como Sayegh não contestavam, mas que os próprios sionistas evitam, sempre que possível, ao insistirem que qualquer crítica ao sionismo equivale a um ataque aos judeus enquanto tais. Citando de forma

---

crimination. Decade for Action to Combat racism and Racial Discrimination, 10 de outubro de 1975.

14 Assembleia Geral da ONU, resolução 3379, *Eliminação de todas as formas de discriminação racial*, 10 de novembro de 1975.

Na Sombra do Holocausto

ostensiva definições de racismo, expresso no verbete de dicionário,[15] que invocam noções biológicas de raça, Moynihan reiterou que os judeus não são uma raça no sentido biológico. Isso era, evidentemente, um completo *non sequitur*. Como Sayegh e diversos outros demonstraram de forma objetiva, independente de se os judeus são ou não uma raça em qualquer sentido "objetivo", o relevante é a forma como o próprio sionismo entende os judeus. A fixação de Moynihan em noções biológicas de raça não surpreendia, dada a sua notoriedade nos debates sobre racismo e anti-negritude nos Estados Unidos. Uma década antes da sua vigorosa defesa do sionismo nas Nações Unidas, Moynihan foi o principal autor de um relatório do governo americano sobre "a família negra", amplamente citado, cuja patologização das mães negras alimentou décadas de crítica feminista negra.[16]

A Resolução 3379 acabou aprovada graças ao apoio esmagador dos Estados do terceiro mundo, mas a votação foi polêmica: setenta e dois Estados a favor; trinta e cinco contra; e trinta e duas abstenções. Em Israel, nos Estados Unidos e em outros bastiões do sionismo, a Resolução 3379 tornou-se símbolo do controle das Nações Unidas por sentimentos anti-Israel e terceiro-mundistas insurgentes. Ignorado nesse balanço está a condenação do sionismo como racismo, entendido de forma explícita como parte constitutiva do regime colonial.

O ano de 1975 foi, de certa forma, o ponto alto da influência terceiro-mundista – e, por extensão, palestina – nas Nações Unidas. Nos anos seguintes, o movimento de libertação palestino não avançou com uma estratégia jurídica para abordar o sionismo no direito internacional como uma violação do *jus cogens*[17], ou um crime contra a humanidade, a exemplo do que ocorrera com o apartheid. Em 1991, a Organização para a Libertação da Palestina

---

15 Assembleia Geral da ONU, sessão n. 30, 30 comitê, *reunião n. 2134*, 17 de outubro de 1975.

16 Hortense J. Spillers, *Mama's Baby, Papa's Maybe: An American Grammar Book*, Diacritics vol. 17, n. 2, Culture and Countermemory: The "American" Connection, inverno 1987.

17 Noura Erakat, *Justice for Some Law and the Question of Palestine*, Stanford University Press, 2019.

aceitou como condição prévia para participar no Processo de Paz de Oslo:[18] renegar a resolução. Com isso, as negociações bilaterais lideradas pelos Estados Unidos obscureceram as dimensões raciais e coloniais da luta pela liberdade dos palestinos, enquadrando-a como uma questão de resolução de conflitos, apesar da notória assimetria de poderes entre uma potência nuclear e um povo sem Estado.

Conclusão

Apoiando-se nas tradições vindas dos espaços de luta, ao lado das condições que moldam suas vidas e perspectivas, as comunidades e movimentos palestinos teorizaram as dimensões raciais e coloniais da sua opressão, desenvolvendo estratégias de enfrentamento. O centro das reivindicações dos ativistas palestinos, expostas no apelo tripartite por Boicote, Desinvestimento e Sanções, de 2005, não são apenas o fim da ocupação de 1967, mas também o direito de regresso dos refugiados palestinos, e o fim do regime racial do Estado israelense. Isso coloca a essência do próprio Estado colonialista de povoamento e de apartheid no centro da luta pela liberdade.

Enquanto o trabalho do movimento palestino obrigou que fossem reconhecidas as realidades do apartheid israelense, e consolidando-se uma renovada consciência do sionismo como forma de racismo, o pedido da Assembleia Geral da ONU, de dezembro de 2022, por uma Opinião Consultiva ao Tribunal Internacional de Justiça,[19] sobre o estatuto jurídico da ocupação prolongada de Israel, pode representar uma chance perdida. Ela ocorre depois de muitos anos de discussão tática sobre o foco potencial e o propósito de uma Opinião Consultiva, abrindo ampla oportunidade para a liderança palestina e os seus aliados de expor o colonialismo

---

18 Assembleia Geral da ONU, resolução 46/86 plenário n.74, *Elimination of racism and racial discrimination*, 16 de dezembro de 1991.

19 Assembleia Geral da ONU, *Israeli practices and settlement activities affecting the rights of the Palestinian people and other Arabs of the occupied territories*, 14 de novembro de 2022.

de povoamento e racismo institucionalizado do Estado israelense. Fugir, ao invés disso, para um debate sobre o estatuto jurídico da ocupação de 1967, limitando assim a autodeterminação para uma fração do povo palestino, os termos do pedido reificam a lógica conservadora e partidária do próprio direito internacional. Embora qualquer ocupação tenha impacto na autodeterminação da população desapropriada, um regime colonial e racista, que visa uma transformação demográfica irreversível, tem como objetivo destruir esse direito e a própria possibilidade de seu exercício. A esta altura, não é suficiente analisar a ocupação, sem confrontar o regime racial e colonial em que está inserida.

* A questão da Palestina fornece uma lente ideal para os temas que animam este simpósio, e que há muito têm sido marginalizadas nos estudos jurídicos internacionais – incluindo nas páginas do *American Journal of International Law* (*AJIL*). A nossa própria análise da cobertura do *AJIL* sobre a Palestina revela padrões de exclusão e tokenização de consistência surpreendentes, alinhados às conclusões do Relatório Richardson[20] e outras análises críticas.[21]

Dos quarenta e três artigos sobre a Palestina que identificamos, apenas três (sem contar este) eram da autoria de palestinos, e todos foram publicados em simpósios. A presente pesquisa abrangeu a cobertura da *AJIL* e da *AJIL Unbound* sobre, o "conflito árabe-israelense", bem como várias matérias sobre temas globais que dedicaram um espaço considerável à Palestina. Incluiu artigos de investigação, simpósios, recensões de livros e peças mais curtas sobre desenvolvimentos doutrinais e práticos, com autores nomeados (agradecemos a Hassan Mohammadi Doostdar, pela assistência na compilação e análise desses dados).

Dezesseis artigos eram da autoria de judeus israelenses, mas mesmo este número desequilibrado subestima a disparidade.

---

20 American Society of International Law, *final report from the ASIL ad hoc committee investigating possible exclusion or discouragement of minority membership or participation by the society during its first six decades*, janeiro de 2020.

21 James Thuo Gathii, *Studying Race in International Law Scholarship Using a Social Science Approach*, Chicago journal of international law, vol. 22, n. 1, 2021.

Raça, Palestina e Direito Internacional

A cobertura do *AJIL* sobre a Palestina também foi moldada por autores não israelenses que, no entanto, prescrevem argumentos pró-Israel[22] ou pertencem a organizações sionistas (como por exemplo Malvina Halberstam, colaboradora regular do *AJIL* nas décadas de 1980 e 1990, incluindo textos sobre Palestina/Israel, faz parte da direção do Centro de Direito e Justiça da Organização Sionista da América). Leo Gross,[23] editor de longa data do *AJIL*, escreveu sozinho[24] mais artigos expondo posições[25] pró-Israel que todos os autores palestinos juntos. Há também uma discrepância qualitativa: os autores israelenses publicam sobre temas universais com frequência, enquanto os palestinos são relegados para o particular – a quem é concedido o "lugar de fala"[26] sobre um único assunto, apenas quando as suas perspectivas são apresentadas, lado a lado, com posições opostas e ainda mais numerosas.

---

22 Ruth Wedgwood, *The ICJ Advisory Opinion on the Israeli Security Fence and the Limits of Self-Defense*, vol. 99 n.1, American Journal of International Law, 27 de fevereiro de 2017.

23 Leo Gross, *Voting in the Security Council and the PLO, American Journal of International Law*, v. 70, n. 3, American Journal of International Law, 27 de fevereiro de 2017.

24 Leo Gross, *The Geneva Conference on the Law of the Sea and the Right of Innocent Passage through the Gulf of Aqaba*, v. 51 n. 3, American Journal of International Law, 16 de maio de 2017.

25 Gross, *Passage Through the Suez Canal of Israel-Bound Cargo and Israel Ships*, v. 51, n. 3, American Journal of International Law, 28 de março de 2017.

26 Edward Said, *Permission to Narrate*, Journal of Palestine Studies, Edward Said Volume 13, Issue 3 April 1984

A solução Sinai

Lina Attalah[1]

---

1 Publicado no site Mada Masr, *"The Sinai solution"*, dia 25 de outubro de 2023. Traduzido por Mateus Forli.

No dia 24 de outubro, um documento vazado do gabinete da Ministra de Inteligência israelense, Gila Gamliel, indicava que uma solução duradoura para a Faixa de Gaza no pós-guerra teria de incluir a transferência dos palestinos para o Sinai, no Egito. De acordo com o documento[2] obtido pelo site de notícias israelense Calcalist, a remoção seguiria três passos: a instalação de povoados de tendas no Sinai, formação de um corredor humanitário e a construção de cidades no Norte do Sinai para os novos refugiados. Além disso, seria criada, no Egito, a sul da fronteira com Israel, "uma zona estéril", com vários quilômetros de largura, para impedir o regresso dos palestinos.

O Ministério, segundo observadores, não tem muito peso no governo, com os aparelhos de inteligência operando fora do seu quadro. "A existência do documento e a ideia em si não são uma surpresa. Mas o vazamento de informações e a mera prova de sua existência é interessante", diz Daniel Levy, presidente do *Middle East Project*, com sede em Londres, e antigo negociador de paz dos primeiros-ministros israelenses Ehud Barak e Yitzhak Rabin.

Pouco antes, em 18 de outubro, o Presidente Abdel Fattah al-Sisi proferiu um discurso improvisado[3] sobre o ataque militar israelense, em curso contra a Faixa de Gaza, ocorrido quase duas semanas após a incursão do Hamas em Israel.

"Transferir os refugiados [palestinos] da Faixa de Gaza para o Sinai equivaleria simplesmente a deslocar a sua resistência… transformando o Sinai numa base para operações contra Israel, e

---

2 Amitai Gazit, העצהה לש תרש המודיעי: רפסרט לש יבשות הזע יניסל [*Hahe'atzah shel sérat hamodi'in: transfer shel toshavei Azza lesini.*], Calcalist, 24 de outubro de 2023.

3 Mada Masr, '*Displacing Palestinians to Sinai will make it base of operations against Israel, they can be transferred to Naqab desert*', Mada Masr, 18 de outubro de 2023.

Na Sombra do Holocausto

concedendo ao país o direito de se defender a si e à sua segurança nacional, conduzindo ataques em terras egípcias como retaliação."

A rejeição veemente de Sisi a uma "segunda *nakba*", especialmente depois dos esforços diplomáticos liderados pelos EUA para pressionar o Egito a criar um corredor humanitário,[4] foi transformada numa tentativa de angariar o apoio da opinião pública ao seu governo. A menos de um mês das eleições presidenciais, anunciadas às pressas, em meio a uma crise econômica devastadora, Sisi apelou por manifestações populares para apoiar sua posição.[5] Como resultado, alguns milhares de pessoas participaram dos protestos de 20 de outubro, sobretudo no Cairo.

A posição de Sisi é coerente com uma postura há muito defendida por governantes egípcios anteriores que, historicamente, rejeitaram quaisquer tentativas israelense de enviar palestinos para o Sinai. Resta saber se a atual campanha militar de Israel contra Gaza conseguirá ou não tornar o plano de deslocamento um fato consumado.

Neste contexto, meios de comunicação egípcias, pertencentes a aparelhos de segurança próximos de Sisi, têm publicado[6] e transmitido[7] reportagens pormenorizadas sobre um antigo projeto israelense de deslocamento de palestinos de Gaza para a Península do Sinai. A maior parte deles afirmam ter revelado o que chamam de "plano Eiland", em homenagem a um major-general reformado, Giora Eiland, chefe do Conselho de Segurança Nacional de Israel entre 2004 e 2006. Os meios de comunicação alinhados ao governo egípcio fizeram questão de

---

4 Ahmed Mohamed Hassan, *Egypt discusses Gaza aid, rejects corridors for civilians, say sources*, Reuters, 11 de outubro de 2023.

5 Mada Masr, *Officially sanctioned protests back state position on assault on Gaza*, Mada Masr, 18 de outubro de 2023.

6 Ahmed Arafa, مصر رفضت مشروع جيورا آيلاند للتوطين في عهد مبارك.. "مخطط خبيث" [*Bāḥiṯ: Miṣr rafaḍat mashrū' Jīūrā Āylānd lil-tawṭīn fī 'ahd Mubārak.. 'Mukhaṭṭ khubayṯ*], Youm7, 11 de outubro de 2023.

7 Sada Elbalad, حقائق واسرار مع مصطفى بكري مخطط اسرائيل لتهجير الفلسطينيين [*Haqā'iq wāsrār ma'a Muṣṭafā Bakrī | Mukhaṭṭaṭ Isrā'īl li-tahjīr al-Filasṭīniyyīn.*], 13 de outubro de 2023, https://www.youtube.com/watch?v=oszVuZ8JS6c

A solução Sinai

destacar a oposição intransigente de Sisi ao plano, mesmo que este inclua ofertas de alívio da dívida ou pacotes de ajuda financeira por parte da administração Joe Biden.

"É como se estivessem todos lendo o mesmo roteiro", disse um jornalista egípcio e observador de meios de comunicação, que falou ao Mada Masr, sob condição de anonimato.

Em que consiste o plano Eiland? A proposta do ex-major--general de esvaziar a Faixa de Gaza como solução estratégica para Israel remonta há quase 20 anos. Nesta época, o primeiro--ministro israelense Ariel Sharon estava preparando um plano de desengajamento unilateral da Faixa de Gaza. Afirmou que a sua iniciativa se enquadrava nos parâmetros do Roteiro para a Paz de 2003 – supervisionado pelo então quarteto formado pela União Europeia, a Organização das Nações Unidas, a Rússia e, mais importante, os Estados Unidos – que tinha como objetivo pôr fim à Segunda Intifada.

Conforme uma biografia[8] escrita pelo seu filho, Sharon acreditava que o programa de desengajamento isolaria a Faixa de Gaza, mesmo às custas das colônias israelenses já existentes na região. A medida liberaria, então, recursos para expandir as colônias israelenses na Cisjordânia, um prêmio muito maior aos olhos do movimento dos colonos, e uma prioridade mais elevada para o rival de Sharon no Partido Likud, Benjamin Netanyahu, atual primeiro-ministro. Embora tenha participado na gestão de Sharon, durante a retirada de Gaza em 2005, Eiland foi um crítico conhecido da iniciativa, levando à sua renúncia[9] do Conselho.

Na mesma época, Eiland desenvolveu um esquema alternativo para pacificar a Faixa de Gaza. Na opinião de Elliot Abrams, conselheiro de Segurança Nacional dos EUA durante a administração de George W. Bush Jr., que trabalhou em estreita colaboração com os seus homólogos israelenses na elaboração do plano de retirada, Eiland procurou transferir os palestinos de Gaza

---

8 Livro: "Sharon: The Life of a Leader" por Gilad Sharon, Editora HarperCollins, Data de lançamento 25 de out. de 2011.

9 Amir Oren, *Eiland to Step Down as National Security Director*, Haaretz, 29 de agosto de 2005.

para o Sinai. Já em 2004, propôs[10] que o Egito abrisse mão de um território quase cinco vezes maior do que Gaza para absorver uma parte significativa dos palestinos da Faixa. Em troca, o Cairo seria compensado com terrenos no sudeste de Israel que permitiriam a construção de um túnel viário, ligando o Egito à Jordânia.

No entanto, o ex-Presidente Hosni Mubarak recusou ceder qualquer território soberano do Egito. Segundo Hani al-Masry, diretor do Centro Palestino de Investigação Política e Estudos Estratégicos (Masarat), o plano foi alvo de resistência de todas as partes árabes interessadas. "Os países árabes são sensíveis a esta questão", disse, "especialmente o Egito e a Jordânia".

Esta pode não ter sido a primeira vez que Israel apresentou uma oferta deste gênero. Em 2017, Mubarak afirmou que rejeitou propostas semelhantes[11] de Israel em anos anteriores. Em 2010, ele afirmou que o governo de Netanyahu sugeriu reassentar palestinos no Sinai como parte de uma troca de terras entre Israel e Egito, que Mubarak recusou. Seus comentários surgiram depois de a BBC Árabe noticiar[12] que Mubarak tinha concordado em aceitar refugiados palestinos no seu país em 1983, como parte de uma saída mais ampla para pôr fim ao conflito israelo-árabe – uma alegação que o presidente deposto negou categoricamente.

Apesar do pouco apoio à sua proposta para o Sinai, Eiland continuou desempenhando um papel importante no pensamento militar e estratégico israelense nos anos seguintes. Na perspectiva do conhecido Relatório Goldstone[13] – fruto de uma missão de apuração de fatos da ONU, criada para investigar as violações

---

10 Elliott Abrams, *Palestine in the Sinai?*, Council on Foreign Relations, 9 de setembro de 2014.

11 Sue Surkes, *Netanyahu proposed settling Palestinians in Sinai, Mubarak says*, The Times of Israel, 30 de novembro de 2017.

12 Aamer Sultan, وثائق سرية بريطانية: مبارك قبل طلب أمريكا توطين فلسطينيين بمصر مقابل اطار لتسوية شاملة للصراع مع إسرائيل [*Watha'iq sirriyya britaniyya: Mubarak qabla talab Amrika tawtin filastiniyyin bi-Misr maqbal ita'ar li-taswiya shamilah li-l-sira'al ma'a Isra'il*], BBC Arabia, 29 de novembro de 2017

13 Human Rights Council, *Report of the United Nations Fact Finding Mission on the Gaza Conflict*, ONU, 25 de setembro de 2009.

A solução Sinai

de direito internacional durante o bombardeio israelense contra Gaza, em 2009 – a campanha militar Operação Chumbo Fundido refletiu uma "mudança qualitativa de operações, relativamente concentradas para uma destruição maciça e deliberada". De fato, esta nova estratégia resultou de uma mudança no pensamento militar delineada pelo chefe do comando norte das Forças de Defesa de Israel, durante a Guerra do Líbano, de 2006, e implementada pela primeira vez no bairro de Dahiyeh, um reduto do Hezbollah, no sul de Beirute.

A doutrina Dahiyeh, como ficou conhecida, baseava-se na necessidade de destruir as infraestruturas civis, usadas pelas forças de guerrilha inimigas, visando paralisá-las e eliminá-las. Nos anos que se seguiram, um grupo de ex-oficiais militares, incluindo Eiland, continuou a desenvolver os conceitos fundamentais desse conceito. Em um artigo de 2008, Eiland[14] afirmou que qualquer guerra futura na frente norte de Israel resultaria na "eliminação das forças armadas libanesas, destruição das infraestruturas nacionais e intenso sofrimento para a população".

Nas últimas semanas, estas ideias parecem ter ganhado um novo fôlego. Em meio à ofensiva militar de Israel contra Gaza, Eiland encontrou uma oportunidade para combinar a sua estratégia militar, que enfatiza a destruição desproporcional e intencional de infraestruturas e populações civis, e a sua proposta de transferência forçada de palestinos para o Sinai, em uma única medida.

Em artigo opinativo, publicado no jornal israelense Fathom[15], Eiland escreveu que o ataque do Hamas a Israel, que resultou em mais de 1400 mortos israelenses, e na captura de mais de 200 prisioneiros, é diferente de tudo o que Israel viveu nos seus 75 anos de história. Para evitar uma repetição, afirmou, o Hamas tem de ser esmagado.

Eiland acredita que a tão esperada ofensiva terrestre israelense em Gaza será demasiado dispendiosa, uma vez que as Forças

---

14 Giora Eiland, *The Third Lebanon War, Strategic Assessment*, novembro de 2008.

15 Giora Eiland, '*A new turning point in the history of the State of Israel. Most people don't understand that*', Fathom.

Na Sombra do Holocausto

de Defesa de Israel poderão ter dificuldade para derrotar 20.000 combatentes do Hamas e, ao mesmo tempo, lidar com outras frentes abertas pelo Irã e Hezbollah. A opção mais segura para Israel seria, portanto, aquilo a que Eiland chama um "cerco dramático, contínuo, e rigoroso a Gaza".

Segundo ele, o cerco de 16 anos que precedeu esta guerra não foi apertado o suficiente. Alega que Israel foi ingênuo, ou mesmo estúpido, ao acreditar que poderia permitir a passagem limitada de materiais para Gaza, bem como a entrada de seus habitantes em Israel para trabalhar. Em vez disso, deveriam encorajar os palestinos a abandonar a Faixa de Gaza. "A população de Gaza terá de sair – de forma temporária ou permanente – através da fronteira com o Egito", escreve. "Quando as pessoas tiverem saído, e os únicos que restarem em Gaza forem o Hamas, e quando os alimentos e a água tiverem acabado – e também podemos bombardear as instalações em Gaza para que não haja água – então, a esta altura, o Hamas será destruído por completo, se renderá ou concordará em deixar Gaza, tal como Arafat foi forçado a deixar Beirute depois de um cerco israelense."

"Israel enviou uma advertência severa ao Egito, e deixou claro que não permitiria que ajuda humanitária vinda dali entrasse em Gaza. Israel precisa criar uma crise humanitária em Gaza, forçando dezenas de milhares ou até centenas de milhares a buscarem refúgio no Egito ou no Golfo."

Em outro artigo de opinião publicado no site israelense Ynetnews[16], Eiland declara que a criação de uma crise humanitária em Gaza obrigará "dezenas de milhares, ou mesmo centenas de milhares a procurar refúgio no Egito ou no Golfo". O ideal, prossegue, seria que essa evacuação incluísse "toda a população" de Gaza.

Embora seja difícil determinar a influência que generais reformados como Eiland exercem sobre o gabinete de guerra, as táticas utilizadas pelas Forças de Defesa Israelenses no seu atual ataque a Gaza parecem estar sincronizados com muito do que ele prescreveu. Israel castigou de forma coletiva mais de dois

---

16 Giora Eiland, *It's time to rip off the Hamas band-aid*, *YNetNews*, 10 de dezembro de 2023.

A solução Sinai

milhões de palestinos em Gaza, bloqueando o fornecimento de alimentos, água, medicamentos e combustível aos residentes da Faixa. Além disso, ordenou a evacuação de mais de um milhão de palestinos da parte norte para o sul. Segundo Nimer Sultany, palestino que ensina direito público na Escola de Estudos Orientais e Africanos, sediada em Londres, há quatro cidades no Norte que foram quase apagadas até o fim com o ataque israelense: Cidade de Gaza, Jabalia, Beit Hanoun e Beit Lahiyya. Ele afirmou que tais ações constituem um deslocamento forçado através do genocídio, explicando que a definição do termo inclui a destruição parcial ou total de um grupo de pessoas, com base na sua identidade nacional, racial, étnica ou religiosa.

"A expulsão dos palestinos tem raízes no sionismo", afirma Sultany, sublinhando que, em períodos de tensão, o público israelense acredita cada vez mais nas ações do seu governo de extrema-direita. "Uma guerra pautada em termos existencialistas cria uma janela de oportunidade para a expulsão de palestinos", afirma.

Segundo Sultany, o exército israelense procura atingir a infraestrutura de toda a Faixa de Gaza para destruir qualquer resistência armada – uma abordagem coerente com a doutrina Dahiyeh. No entanto, esta abordagem também viola o direito internacional, em particular no que diz respeito à obrigação de Israel de responder de forma proporcional e de proteger civis – uma obrigação que continua a ser aplicável no contexto de uma ocupação. Com as nações ocidentais demonstrando total apoio a Israel, está se pavimentando o caminho para os deslocamentos em massa.

As recomendações de Eiland, que combinam uma crise humanitária de deliberação induzida com um programa de expulsão, foram também reproduzidas por outros estrategistas em Israel.

Em um artigo publicado na semana passada pelo Instituto Misgav para a Segurança Nacional e Estratégia Sionista, Rafael BenLevi argumenta que toda uma geração que vive atualmente em Gaza foi criada com a ideologia do Hamas. Mesmo que o Hamas seja destruído, diz ele, continuará havendo hostilidade de Gaza face a Israel. Por isso, Israel não conseguirá instalar em Gaza uma autoridade governamental complacente – como fez na Cisjordânia com o Estado da Palestina. Por essa razão, a única solução para Israel é "expulsar a população de Gaza para o Sinai e lançar uma iniciativa internacional para aceitar pessoas deslocadas de Gaza em países estrangeiros". Para alcançar este resultado, os EUA devem pressionar o Egito, a Turquia, o Qatar e outros países a facilitar a transferência de refugiados palestinos de Gaza, conclui BenLevi.

"A linguagem genocida em Israel hoje representa uma derrocada completa ao inferno", diz Levy. "Isto faz parte da remoção permanente dos palestinos desta pequena parte da Palestina histórica". Descreve o que se passa em Gaza como algo "quantitativa e qualitativamente diferente, em termos do sangue, do deslocamento e do apoio ocidental".

E o cenário de deslocamento pode estender-se a outros locais. "Aqueles que se opuseram à retirada israelense de Gaza entenderam que, ao deslocar mais de dois milhões de palestinos das considerações espaciais e demográficas, torna-se mais fácil imaginar a replicação deste cenário", diz Levy. "A anexação e a *nakba* em outros locais são agora objetivos mais realistas."

Levy sugere que as prisões em massa, as detenções administrativas e os assassinatos na Cisjordânia podem ser acompanhados por outras operações israelenses, destinadas a provocar mais deslocamentos de palestinos para além da Faixa de Gaza.

Antes da incursão do Hamas e das suas consequências, já estavam em curso esforços moderados para induzir o deslocamento de palestinos da Faixa de Gaza. "Antes desta última guerra, o Egito vinha preparando uma área de 1260 km para investimentos e projetos industriais, onde os palestinos de Gaza poderiam trabalhar", diz Masry. "É por isso que o porto de Arish está sendo construído, assim como o aeroporto. Não se trata necessariamente de um projeto de migração, mas, como se diz, *wayn btorzo' btolzo'* (onde se ganha dinheiro, fica-se)".

No entanto, afirma Masry, a guerra atual vai com certeza fazer descarrilar este plano, levando Israel a encontrar outra

A solução Sinai

forma de cumprir o seu objetivo de deslocar os palestinos de Gaza. "Se, no passado, a tentativa máxima era alargar a Faixa de Gaza para os palestinos", diz, "agora, o mínimo que Israel vai aceitar é torná-la menor, instalando zonas-tampão, onde as pessoas não serão autorizadas a viver, como no norte da Faixa. Esta é a alternativa ao deslocamento total".

No entanto, Masry continua a acreditar que as deliberações sobre o antigo plano foram postas em cima da mesa durante a primeira fase da *shuttle diplomacy* americana, quando o Secretário de Estado dos EUA, Anthony Blinken, foi enviado para a região em 12 de outubro. De qualquer modo, se a guerra persistir por muito tempo, Masry e outros acreditam que os palestinos acabarão por partir, especialmente os que têm oportunidades de emprego em outros locais.

Parte 2

A existência da Faixa de Gaza reflete um paradoxo da vitória sionista em 1948. Por um lado, os colonos sionistas conseguiram retirar a maior parte da população árabe autóctone do território, dispersando-a em todas as direções. Por outro, nem todos os países adjacentes tinham geografias adequadas para receber grandes fluxos de palestinos. Enquanto nas frentes norte e leste os refugiados dirigiam-se para terras vizinhas, a oeste, o deserto do Sinai constituiu um impedimento natural à migração em massa de longa distância. Em vez disso, eles concentraram-se, sobretudo, em uma pequena parte da Palestina histórica, que permaneceu administrada pelo Egito.

A área, conhecida desde então como Faixa de Gaza, foi transformada em um dos locais mais densamente povoados do mundo, e epicentro da resistência palestina.

Por esta razão, desde a ocupação das terras árabes e palestinas após a Guerra dos Seis Dias, de 1967, Israel tem vislumbrado a possibilidade de "reduzir" a densidade populacional de Gaza, através de transferências para outras partes da região. Imediatamente após

Na Sombra do Holocausto

a guerra, Menachem Begin [17](então ministro do governo), propôs a remoção de palestinos para o Sinai, assim como o vice-primeiro-ministro de Israel na época, Yigal Allon. O plano mais amplo de Allon, de transferências de terras e população, que acabou sendo apresentado ao gabinete israelense como base para as discussões com a Jordânia, serviu como um documento importante para compreender a lógica demográfica e territorial subjacente às políticas sionistas das décadas seguintes.

O Plano Allon, que passou por sucessivas versões entre 1967 e 1970, previa primeiro uma anexação israelense da Faixa de Gaza. Esta seria realizada por meio da expulsão de centenas de milhares de palestinos de Gaza para o Sinai e a Cisjordânia, da redução da população da Faixa para "proporções controláveis", e da incorporação definitiva do reduzido território a Israel. Esse projeto revelou-se fantasioso.

Embora o exército israelense tenha conquistado Gaza em apenas alguns dias, os palestinos da Faixa montaram uma das suas resistências armadas mais contínuas e generalizadas durante os cinco anos seguintes. Em resposta, o general israelense (e mais tarde primeiro-ministro) Ariel Sharon foi enviado para Gaza para levar a cabo um plano de pacificação[18]. Entre 1971 e 1972, os militares israelenses consolidaram seu controle sobre a faixa de Gaza, detiveram ou assassinaram centenas de guerrilheiros palestinos e deportaram milhares de civis, abrindo, ao mesmo tempo, espaço para a construção de novas colônias judaicas. Os esforços de Sharon culminaram no assassinato do líder da Frente Popular para a Libertação da Palestina (FPLP), Mohamed al-Aswad. Conhecido como "Guevara de Gaza", Aswad comandava as ações militares da Frente Popular na Faixa, sua morte marcando o fim da resistência armada.

A efetivação do Plano Allon, embora nunca tenha sido integral, ocorreu em menor escala na expulsão dos palestinos

---

17 Yossi Melman e Dan Raviv, *"Expelling Palestinians"* Washington Post, 6 de fevereiro de 1988.

18 Joan Mandell, *"Gaza: Israel's Soweto"*, Middle East Research and Information Project, outubro de 1985.

A solução Sinai

pelo exército israelense, descrita em detalhes no indispensável livro *The Gaza Strip: The Political Economy of De-Development*, de Sara Roy. Sharon demoliu milhares de casas nos campos de refugiados da Faixa de Gaza. Operou uma contrarrevolução através do planejamento urbano: retroescavadeiras abriram caminho através de densas construções urbanas para alargar estradas, facilitando a circulação de soldados e veículos militares. Além disso, segundo Roy, "12.000 familiares de suspeitos guerrilheiros foram deportados para campos de detenção no deserto do Sinai".

A vertente "humana" desta limpeza étnica envolveu a construção de habitações alternativas para os refugiados deslocados em dobro. Em 1972, algumas famílias foram transferidas para um novo projeto habitacional no lado egípcio da fronteira sul da Faixa de Gaza. Este complexo ficou conhecido como Canada Camp, situado nas antigas instalações de um contingente canadense das Forças de Manutenção da Paz da ONU.

O programa de reassentamento e anexação, delineado primeiro no plano Allon, acabou sendo abandonado[19] em meados de 1970. Nos termos do Tratado de Camp David, as famílias do Canada Camp precisavam ser autorizadas a regressar – não às suas terras originais dentro da linha verde de 1948, é claro, mas ao seu primeiro local de exílio, na Faixa de Gaza. Israel protelou e relutou em permitir o regresso. Apesar da pressão internacional e dos governos estrangeiros que arcaram com os ônus, foram necessários cerca de 20 anos para que as famílias retornassem a Gaza. Ali, foram colocadas em um outro projeto habitacional – construído em formato de blocos, com vias amplas e adequadas aos tanques – na zona de Tal al-Sultan, em Rafah.

No entanto, mesmo este pequeno êxito na reversão parcial das expulsões da Palestina foi agridoce. Pouco tempo depois, explodiu a Intifada de Al-Aqsa e, em maio de 2004, o exército israelense voltou a invadir Tal al-Sultan, matando dezenas de palestinos e realizando demolições maciças de casas[20], desalojando dezenas de famílias pela terceira vez.

---

19 Yigal Allon, *"Israel: The Case for Defensible Borders" Foreign Affairs*, outubro de 1976.

20 Human Rights Watch, *"Razing Rafah: Mass Home Demolitions in the Gaza Strip"*, outubro de 2004.

Na Sombra do Holocausto

E assim a saga da expropriação perene, infligida por Israel aos palestinos em Gaza, continuou e prossegue até hoje.

Fábrica de assassinatos em massa: Inteligência Artificial e a destruição industrializada de Gaza

Yuval Abraham[1]

---

1 Publicado no site +972 Magazine, *"'A mass assassination factory': Inside Israel's calculated bombing of Gaza"*, 30 de novembro de 2023. Traduzido por Waldo Mermelstein.

A autorização ampliada do exército israelense para bombardear alvos não-militares, o afrouxamento das restrições em relação às baixas civis antecipadas e o uso de um sistema de inteligência artificial para produzir mais alvos em potencial do que nunca parecem ter contribuído para a natureza destrutiva dos estágios iniciais da atual guerra de Israel na Faixa de Gaza, revela uma investigação das revistas israelenses +972 e Local Call. Esses fatores, descrito por atuais e ex-membros do serviço de inteligência israelense, desempenharam ao que tudo indica um papel na produção da campanha militar mais mortal contra os palestinos desde a *Nakba* de 1948.

A investigação da revista +972 e Local Call é baseada em conversas com sete pessoas que integram ou integraram o serviço de inteligência de Israel – incluindo membros da inteligência militar e da força aérea envolvidos nas operações israelenses de cerco à Faixa – além de testemunhos de palestinos, dados e documentação da Faixa de Gaza, assim como declarações oficiais do porta-voz das forças armadas israelenses e outras instituições estatais em Israel.

Comparado os ataques israelenses anteriores a Gaza, a guerra atual – batizada por Israel de "Operação Espadas de Ferro" e iniciada após os ataques liderados pelo Hamas ao sul de Israel em 7 de outubro – viu o exército expandir em alta escala seus bombardeios de alvos de obvia natureza não-militar. Incluindo residências privadas, assim como edifícios públicos, infraestrutura e arranha-céus, definidos pelo exército, segundo fontes, como "alvos de poder"[2] (*matarot otzem*).

---

2 Israel Defense, תירכ׳ת :סצוע תורטמ [*Takiru: Matarot Otsem*], 26 de março de 2019.

Na Sombra do Holocausto

O bombardeio aos alvos de poder, segundo experientes fontes da inteligência israelense, tem como principal objetivo prejudicar a sociedade civil palestina: "criar um choque" que, entre outras coisas, poderá ter reverberações poderosas "levando os civis a pressionar o Hamas", afirmou uma fonte.

Sob condição de anonimato, foi confirmado que o exército israelense tem arquivos sobre a grande maioria dos alvos potenciais em Gaza – incluindo as casas – estipulando o número de civis que provavelmente morrerão no ataque ao alvo específico. Esse número é calculado e conhecido com antecedência pelas unidades de inteligência do Exército, que também são informadas um pouco antes de realizar um ataque do número aproximado de civis que com certeza serão mortos.

Em um caso discutido pelas fontes, o comando militar israelense aprovou com consciência a morte de centenas de civis palestinos em uma tentativa de assassinar um único comandante militar do Hamas. "Os números aumentaram de dezenas de mortes de civis permitidas como danos colaterais de um ataque a um alto dirigente, nas operações anteriores, para centenas de mortes de civis como danos colaterais aceitáveis", afirmou uma fonte.

"Nada acontece por acaso", disse outra. "Quando uma menina de 3 anos é morta em uma casa em Gaza, é porque alguém no exército decidiu que não era um grande problema ela ser morta – um preço que valia a pena pagar para atingir outro alvo. Não somos o Hamas. Esses não são foguetes aleatórios. Tudo é intencional. Sabemos com precisão quanto dano colateral há em cada casa."

Segundo a investigação, outra razão para o grande número de alvos e os extensos danos à vida civil em Gaza, é o uso generalizado de um sistema chamado *Habsora* ("O Evangelho", em hebraico), que é em grande parte construído com base em inteligência artificial podendo "gerar" alvos quase automáticos a uma taxa que excede em muito o que era possível antes. Esse sistema de Inteligência Artificial foi descrito por um ex-oficial de inteligência como facilitadora de uma "fábrica de assassinatos em massa".

Fábrica de assassinatos em massa

Segundo nossas fontes israelenses, o uso crescente de sistemas baseados em IA como o Habsora permite que o exército realize ataques em grande escala a prédios residenciais onde vive um único membro do Hamas, mesmo que seja somente um ativista de base. No entanto, testemunhos de palestinos em Gaza sugerem que, desde 7 de outubro, o exército também atacou muitas residências privadas onde não havia membros ou simpatizantes do Hamas ou de qualquer outro grupo militante palestino. Tais ataques, confirmaram fontes ao +972 e à Local Call, podem matar de forma consciente famílias inteiras no processo.

Na maioria dos casos, acrescentaram as fontes, a atividade militar não é conduzida a partir dessas residências visadas. "Lembro imaginar como seria se os militantes palestinos bombardeassem todas as habitações das nossas famílias quando os soldados israelenses voltassem para dormir em casa no fim de semana", recordou uma fonte, que criticou a prática.

Outra fonte declarou que um oficial sênior de inteligência disse a seus subordinados depois de 7 de outubro que o objetivo era "matar o maior número possível de ativistas do Hamas", para o qual os critérios sobre danos a civis palestinos foram relaxados ao máximo. Logo, há "casos em que bombardeamos com base em uma localização a partir de um celular que identifica onde o alvo está, matando civis. Isso em geral é feito para economizar tempo, em vez de trabalhar um pouco mais para obter uma identificação mais precisa", disse a fonte.

O resultado dessas políticas é a impressionante destruição de vidas humanas em Gaza desde 7 de outubro. Mais de 300 famílias perderam 10 ou mais familiares em bombardeios israelenses nos primeiros dois meses – um número 15 vezes maior do que o número da guerra até então mais mortal de Israel em Gaza, em 2014. Até o momento, cerca de 30.000 palestinos foram mortos na guerra, e seguimos contando.

"Tudo isso está acontecendo ao contrário do protocolo anterior usado pelas forças armadas israelenses no passado", explicou uma fonte. "Há um sentimento de que altos funcionários do Exército estão cientes de seu fracasso em 7 de outubro e voltados a fornecer ao público israelense uma imagem de vitória que salvará suas reputações." ... Desde o primeiro momento após o ataque de 7 de outubro, os governantes em Israel declararam em público que a resposta seria de uma magnitude inteiramente nova comparada às operações militares anteriores em Gaza, visando a erradicação completa e evidente do Hamas. "A ênfase está nos danos e não na precisão[3]", disse o porta-voz israelense, Daniel Hagari, em 9 de outubro. O Exército logo transformou essas declarações em ações.

Táticas de terror

Os alvos em Gaza atingidos por aviões militares israelenses, segundo fontes que falaram com a +972 e Local Call, podem ser divididos em cerca de quatro categorias. Primeiro os "alvos táticos", que incluem alvos militares-padrão, como células militantes armadas, armazéns de armas, lançadores de foguetes, lançadores de mísseis antitanque, poços de lançamento, morteiros, quartéis-generais militares, postos de observação e assim por diante.

O segundo são "alvos subterrâneos" – principalmente túneis que o Hamas cavou sob os bairros de Gaza, incluindo sob casas de civis. Ataques aéreos contra esses alvos podem levar ao colapso das casas acima ou perto dos túneis.

O terceiro são os "alvos de poder", que incluem arranha-céus e torres residenciais no coração das cidades, e edifícios públicos, como universidades, bancos e escritórios governamentais. A ideia por trás de atingir esses alvos, dizem três fontes de inteligência que já estiveram envolvidas no planejamento ou condução de ataques a alvos de poder, é que um ataque deliberado à sociedade palestina aplicará "pressão civil" sobre o Hamas.

A última categoria é composta por "casas de família" ou "casas de trabalhadores". O objetivo declarado desses ataques é destruir

---

3 Bethan McKernan e Quique Kierszenbaum, *'We're focused on maximum damage': ground offensive into Gaza seems imminent*, The Guardian, 10 de outubro de 2023.

residências privadas para assassinar um único morador suspeito de ativismo no Hamas ou na Jihad Islâmica. No entanto, na guerra atual, testemunhos palestinos afirmam que algumas das famílias mortas não tinham qualquer integrante dessas organizações.

Nos estágios iniciais da guerra atual, o exército israelense parece ter dado atenção especial aos alvos de terceira e quarta categoria. Segundo declarações[4] em 11 de outubro do porta-voz das forças armadas israelenses, durante os primeiros cinco dias de combate, metade dos alvos bombardeados – 1.329 de um total de 2.687 – eram alvos de poder.

"Pedem para acharmos edifícios altos com um meio andar que possa ser atribuído ao Hamas", disse uma fonte que participou de ofensivas israelenses anteriores em Gaza. "Às vezes é o gabinete do porta-voz de um grupo militante, ou um ponto onde os ativistas se encontram. Entendi que o andar é uma desculpa que permite ao exército causar muita destruição em Gaza. Foi o que nos disseram."

"Se dissessem ao mundo inteiro que os escritórios [da Jihad Islâmica] no 10º andar não são importantes como alvo, mas que sua existência é uma justificativa para derrubar todo o arranha-céu com o objetivo de pressionar as famílias de civis que vivem nele para pressionar as organizações terroristas, isso seria visto como terrorismo. Então eles não dizem isso", acrescentou a fonte.

Várias fontes que serviram nas unidades de inteligência israelenses disseram que ao menos até a guerra atual, os protocolos do exército permitiam atacar alvos de poder apenas quando os edifícios estivessem sem moradores no momento do ataque. No entanto, testemunhos e vídeos de Gaza sugerem que, desde 7 de outubro, alguns desses alvos foram atacados sem aviso prévio a seus ocupantes, matando famílias inteiras.

O ataque em larga escala a residências pode ser deduzido de dados públicos e oficiais. Segundo o Gabinete de Comunicação Social do Governo em Gaza – que tem fornecido números de

---

4 Maariv, הפיקת סוכיס "לורב תוברח": הס "כ תורטמ - 786,2 [Sikum taqifa "charvot barzel": Sahak metarot - 2,687]. 11 de outubro de 2023.

Na Sombra do Holocausto

mortos desde que o Ministério da Saúde de Gaza parou de fazê-lo em 11 de novembro devido ao colapso dos serviços de saúde[5] na Faixa – quando o cessar-fogo temporário entrou em vigor, em 23 de novembro, Israel tinha matado[6] 14.800 palestinos em Gaza, cerca de 6.000 deles eram crianças e 4.000 eram mulheres que, juntos, constituem mais de 67% do total. Os números fornecidos pelo Ministério da Saúde e pelo Gabinete de Comunicação Social do Governo – ambos sob os auspícios do Governo do Hamas – divergem pouco[7] das estimativas israelenses.

O Ministério da Saúde de Gaza, além disso, não especifica quantos dos mortos pertenciam às alas militares do Hamas ou da Jihad Islâmica. O exército israelense estima ter matado entre 1.000[8] e 3.000[9] militantes palestinos armados [até o cessar-fogo de novembro de 2023]. Segundo relatos da mídia israelense, alguns dos militantes mortos estão enterrados nos escombros ou dentro do sistema de túneis subterrâneos do Hamas, por isso não entraram na contagem oficial.

Dados da ONU[10] sobre o período até 11 de novembro, quando Israel matou 11.078 palestinos em Gaza, mostram que pelo menos 312 famílias perderam 10 ou mais pessoas no atual ataque israelense – para efeito de comparação, durante a "Operação Borda Protetora", em 2014, 20 famílias em Gaza perderam 10 ou mais pessoas. Pelo menos 189 famílias perderam entre seis e nove pessoas, segundo dados da ONU, enquanto 549 famílias perderam entre duas e cinco

---

5 Ruwaida Kamal Amer e Ibtisam Mahdi, *Gaza's health system is on the brink of total collapse.* +972 magazine, 8 de novembro de 2023.

6 Escritório das Nações Unidas para a Coordenação de Assuntos Humanitários, *Hostilities in the Gaza Strip and Israel, Flash Update #50.* 25 de novembro de 2023.

7 Amos Harel, אבה ברקה תא תנובכתמ לארשי, סיפוטחה תקסעב המיעפה עקר לע [*Al rak'a hapayma harishona be'esketat haktufim, Yisrael mitkanenet et hakrav haba*]. Haaretz, 24 de novembro de 2023.

8 Dan Sabbagh, *IDF messaging suggests Gaza truce unlikely to last much beyond Tuesday.* The Guardian, 26 de novembro de 2023.

9 Amos Harel, הלאשה "?ןאל ןורמתה" ,סירושע ינש הלאשנש, נענתה הזע [*Hash'elah 'hatmaron le'an?', she-nish'alah shnay asarim, ne'enatah be'Azah*], Haaretz, 14 de novembro de 2023

10 Escritório das Nações Unidas para a Coordenação de Assuntos Humanitários (OCHA), *Hostilities in the Gaza Strip and Israel - reported impact, Day 35,* 10 de novembro de 2023.

Fábrica de assassinatos em massa

pessoas. Ainda não foram dados detalhes atualizados sobre os números de vítimas publicados desde 11 de novembro.

Os ataques maciços a alvos de poder e residências privadas ocorreram ao mesmo tempo em que o exército israelense, em 13 de outubro, pediu[11] aos 1,1 milhão de moradores do norte da Faixa de Gaza – a maioria deles viviam na Cidade de Gaza – que deixassem suas casas e se mudassem para o sul da Faixa. Naquela data, um número recorde de alvos de poder já havia sido bombardeado, com mais de 1.000 palestinos mortos,[12] incluindo centenas de crianças.

No total, segundo a ONU, 1,7 milhão de palestinos, a grande maioria da população da Faixa de Gaza, foram deslocados dentro de Gaza desde 7 de outubro. O Exército alegou que a exigência de evacuar o norte da Faixa tinha como objetivo proteger vidas civis israelenses. Os palestinos, no entanto, veem esse deslocamento em massa como parte de uma "nova *Nakba*" – uma tentativa de limpeza étnica territorial.

Doutrina Dahiya

Segundo o exército israelense, durante os primeiros cinco dias de combate, foram lançadas 6.000 bombas[13] na Faixa, com um peso total de cerca de 4.000 toneladas. Os meios de comunicação informaram que o exército havia dizimado bairros inteiros;[14] segundo Centro Al Mezan de Direitos Humanos, com sede em Gaza, esses ataques levaram à "destruição completa de bairros residenciais, à destruição de infraestrutura e ao assassinato em massa de moradores".

Como documentado por Al Mezan e inúmeras imagens vindas de Gaza, Israel bombardeou a Universidade Islâmica

---

11 Isabel Debre, Edith Lederer e Wafaa Shurafa, *Palestinians flee northern Gaza after Israel orders 1 million to evacuate as ground attack looms*, AP, 13 de outubro de 2023.

12 OCHA, *Hostilities in the Gaza Strip and Israel | Flash Update #8*, 14 de outubro de 2023.

13 Yoav Zitun, הצ"הל: הכ דע ונלשה 000,6 תוצצפ לע זעה, במשקל 000,4 תונוט, תיעידו *[Tsahal: Ad kah hitalnu 6,000 ptzatzot al Azah, b'mishkal 4,000 tonot, Te'udah]*, Ynet, 12 de outubro de 2023.

14 Surgim, הצ"ל קחמ שכונות שלמות בעזה :הפיקתה תואצות *[Totza'ot hatakifa: Tsahal machak shchunot shlemot be'Azah]*, 11 de outubro de 2023.

No Sombra do Holocausto

de Gaza, a Ordem dos Advogados da Palestina, um prédio da ONU[15] para um programa educacional para estudantes destacados, um prédio pertencente à Companhia de Telecomunicações da Palestina, o Ministério da Economia Nacional, o Ministério da Cultura, estradas e dezenas de arranha-céus e casas – em particular nos bairros do norte de Gaza.

No quinto dia de combates, o porta-voz israelense distribuiu a repórteres militares em Israel imagens de satélite[16] de "antes e depois" de bombardeios de bairros ao norte da Faixa, como Shuja'iyya e Al-Furqan (nome da mesquita na região) na Cidade de Gaza, mostrando dezenas de casas e edifícios destruídos. O exército israelense disse que atingiu 182 alvos de poder em Shuja'iyya e 312 alvos de poder em Al-Furqan.

O chefe do estado-maior da força aérea israelense, Omer Tishler, disse[17] a imprensa que todos esses ataques tinham um alvo militar legítimo, mas também que bairros inteiros foram atacados "em grande escala e não de maneira cirúrgica". Observando que metade dos alvos militares até 11 de outubro eram alvos de poder, o porta-voz militar disse que "bairros que servem como ninhos de terror para o Hamas" foram atacados e que danos foram causados a "quartéis-generais operacionais", "bens operacionais" e "instalações utilizadas por organizações terroristas dentro de edifícios residenciais". Em 12 de outubro, o exército israelense anunciou que havia matado três "membros[18] de alto escalão do Hamas"[19] – dois dos quais faziam parte da ala política do grupo.

15 Storyful, *UN Educational Building in Gaza Destroyed in Israeli Strikes*. Yahoo News, 10 de outubro de 2023.

16 Yoav Zitun, המחלמב יטנולר אל ?גנב שקה :ריואה ליחב ריכב *[Bakir ba'cheil ha'avir: Hakash begag? Lo relevanti bamilchama].* Ynet, 12 de outubro de 2023.

17 Tal Lev Ram, הפיקת סוכיס "לזרב תובוח :הס"כ מטרות – 2,687 *[sikum takifa 'Charvot Barzel': s.kh" m.torot - 2,687].* Maariv, 11 de outubro de 2023

18 Ynet, הזע תעצרב סאמח לש הלכלכה רש לסוח *[Husel sar hakalkala shel Hamas b'Gaza].* 10 de outubro de 2023.

19 Tal Lev Ram, חיפר תביטחב סאמח לש ימייה ןראעמהמ ריכב ליעפ ,הלמאש ובא דמחומ תא ולסיח ל"הצ לש סיט יל *[Klei tis shel Tzahal hislu et Muhammad Abu Shamla, pa'il bakhir meha'mearak ha'yami shel Hamas bakhativat Rafiah]* Maariv, 12 de outubro de 2023.

Fábrica de assassinatos em massa

No entanto, apesar dos bombardeios israelenses desenfreados, os danos à infraestrutura militar do Hamas no norte de Gaza durante os primeiros dias da guerra parecem ter sido minúsculos. Fontes dos serviços de inteligência israelenses, na verdade, disseram ao +972 e à Local Call que alvos militares que integravam os alvos de poder tinham sido usados muitas vezes de disfarce para causar dano à população civil. "O Hamas está em todos os lugares em Gaza; não há nenhum edifício que não tenha algo do Hamas, então se você quiser encontrar uma maneira de transformar um arranha-céu em um alvo, é possível", disse um ex-agente.

"Eles nunca atingirão um único arranha-céu que não tenha algo que possamos definir como um alvo militar", disse outra fonte de inteligência, que realizou ataques anteriores contra alvos de poder. "Sempre haverá um andar no arranha-céu associado ao Hamas. Mas, na maioria das vezes, quando se trata de alvos de poder, é claro que o alvo não tem valor militar que justifique um ataque que derrube todo o prédio vazio no meio de uma cidade, com a ajuda de seis aviões e bombas pesando várias toneladas."

Segundo as fontes envolvidas na compilação de alvos de poder nas guerras anteriores, embora o alvo selecionado em geral tivesse alguma suposta associação com o Hamas ou outros grupos militantes, atingir o alvo tinha como objetivo causar "uma forma de dano à sociedade civil". De forma implícita ou explícita, era consenso entre as fontes que os danos a civis são o verdadeiro propósito desses ataques.

Em maio de 2021, por exemplo, Israel foi duramente criticado por bombardear a Torre Al-Jalaa,[20] que abrigava[21] importantes meios de comunicação internacionais, como Al Jazeera, AP e AFP. O exército afirmou que o edifício era um alvo militar do Hamas; Fontes disseram ao +972 à Local Call que ele era, na verdade, um alvo de poder.

"A percepção é que quando arranha-céus são derrubados, isso cria uma reação pública na Faixa de Gaza e assusta a população",

---

20 Al Jazeera, 'Give us 10 minutes': How Israel bombed a Gaza media tower, 15 de maio de 2021.

21 Reuters, Israel destroys Gaza tower housing, AP and Al Jazeera offices, 15 de maio de 2021.

Na Sombra do Holocausto

disse uma das fontes. "Eles queriam dar aos cidadãos de Gaza a sensação de que o Hamas não está no controle da situação. Às vezes derrubavam prédios e às vezes prédios dos correios e do governo."

Embora seja inédito para o exército israelense atacar mais de 1.000 alvos de poder em cinco dias, a ideia de causar devastação em massa a áreas civis para fins estratégicos foi formulada em operações militares anteriores em Gaza, aperfeiçoadas pela chamada "Doutrina Dahiya"[22] da Segunda Guerra do Líbano de 2006.

Pela doutrina – desenvolvida pelo ex-chefe de gabinete das forças armadas Gadi Eizenkot, que agora é membro do Knesset e parte do atual gabinete de guerra – em uma guerra contra grupos guerrilheiros como o Hamas ou o Hezbollah, Israel deve usar força desproporcional e esmagadora enquanto ataca a infraestrutura civil e do governo, a fim de estabelecer dissuasão e forçar a população civil a pressionar os grupos para encerrar seus ataques. O conceito de "alvos de poder" parece ter emanado dessa mesma lógica.

A primeira vez que o exército israelense definiu em público alvos de poder em Gaza foi no final da Operação Borda Protetora, em 2014. O exército bombardeou quatro edifícios[23] durante os últimos quatro dias da guerra – três edifícios residenciais de vários andares na Cidade de Gaza e um arranha-céu em Rafah. Foi explicado[24] à época pelas agências de segurança que os ataques tinham como objetivo transmitir aos palestinos de Gaza que "nada mais está imune" e pressionar o Hamas a concordar com um cessar-fogo. "As evidências que coletamos mostram que a destruição maciça dos edifícios foi realizada deliberadamente e sem qualquer justificativa militar", afirmou um relatório[25] da Anistia Internacional no final de 2014.

---

22 Ishaan Tharoor, *The punishing military doctrine that Israel may be following in Gaza*, The Washington Post, 10 de novembro de 2023.

23 Associated Press in Gaza City, *Israel bombs two Gaza City tower blocks*, The Guardian, 26 de agosto de 2014.

24 N12, שדח תלפה: תומוקה-בר ב"קצ אתיו [*Tiud ḥadash: hiflat rav-hakomot b'Tzuk Eitan*],18 de março de 2015.

25 Anistia Internacional, *Israel's destruction of multistorey buildings: extensive, wanton and unjustified*, 9 de dezembro de 2014.

Fábrica de assassinatos em massa

Em outra escalada violenta que começou em novembro de 2018, o Exército mais uma vez atacou alvos de poder. Naquela ocasião, Israel bombardeou arranha-céus, centros comerciais e o prédio da emissora de TV Al-Aqsa, afiliada ao Hamas. "Atacar alvos de poder produz um efeito muito significativo do outro lado", afirmou[26] um oficial da Força Aérea na época. "Fizemos isso sem matar ninguém e garantimos que o prédio e seus arredores fossem evacuados."

Operações anteriores também mostraram como atingir esses alvos não visa apenas prejudicar a moral palestina, mas também elevar a moral dentro de Israel. O Haaretz revelou como durante a Operação Guardião dos Muros, em 2021, a unidade do porta-voz das forças armadas realizou uma operação psicológica contra cidadãos israelenses[27] a fim de aumentar a conscientização sobre as operações das forças israelenses em Gaza e os danos causados aos palestinos. Soldados, usando contas falsas nas redes sociais para ocultar a origem da campanha, enviaram imagens e vídeos dos ataques do exército em Gaza no Twitter, Facebook, Instagram e TikTok, para exibir a valentia do exército ao público israelense.

Durante o ataque de 2021, Israel atingiu nove alvos que definidos como de poder – todos eles arranha-céus. "O objetivo era fazer colapsar os arranha-céus para pressionar o Hamas e para que o público israelense tivesse uma imagem de vitória", disse uma fonte de segurança ao +972 e à Local Call.

No entanto, continuou a fonte, "não funcionou. Como alguém que acompanhou o Hamas, ouvi em primeira mão o quanto eles secundarizavam os civis e os edifícios que foram derrubados. Às vezes, o exército encontrava algo em um arranha-céu que estava relacionado ao Hamas, mas também era possível atingir esses alvos específicos com armamentos mais precisos. A conclusão é que eles derrubaram um arranha-céu só para se exibirem."

---

26 Forças Armadas de Israel, תופיקתה תונרחאה תונ העוצרב - העוצרב - מהאויר ריוואהמ סיהמו [*Hatkiplot ha'akhronot ba'retsoa - meha'avir u'mihamayim*], 13 de novembro de 2018.

27 Hagar Shezaf e Yaniv Kubovich, *Israeli Army Conducted Online Psy-op Against Israeli Public During Gaza War*, Haaretz, 22 de março de 2023.

Urbanicídio

A guerra atual não apenas viu Israel atacar um número sem precedentes de alvos de poder, mas também viu o exército abandonar políticas anteriores que visavam evitar danos aos civis. Enquanto antes o procedimento oficial do exército era que só era possível atacar alvos de poder depois que todos os civis tivessem sido evacuados, testemunhos de moradores palestinos em Gaza indicam que, desde 7 de outubro, Israel atacou arranha-céus com seus moradores ainda dentro, ou sem ter tomado medidas relevantes para evacuá-los, aumentando em escala as mortes de civis.

Tais ataques muitas vezes resultam na morte de famílias inteiras, como visto nas ofensivas anteriores: segundo investigação[28] da Associated Press, realizada após a guerra de 2014, cerca de 89% dos mortos nos bombardeios aéreos de casas de famílias eram moradores desarmados, e a maioria deles crianças e mulheres.

Tishler, chefe do Estado-Maior da força aérea, confirmou uma mudança nas operações, dizendo a repórteres que a política de "bater no telhado" do Exército – um pequeno ataque inicial no telhado de um prédio para avisar os moradores de que estão prestes a ser atingidos – não está mais em uso "onde há um inimigo". Bater no telhado, disse Tishler, é "um termo que é relevante para combates e não para a guerra".

Fontes que já trabalharam em alvos de poder disseram que a estratégia explicita da guerra atual pode ser uma evolução perigosa, explicando que atacar alvos de poder tinha como propósito original "chocar" Gaza, mas nem sempre voltada a matar muitos civis. "Os alvos foram projetados com a suposição de que arranha-céus seriam evacuados de pessoas, então quando estávamos trabalhando na compilação dos alvos, não havia nenhuma preocupação sobre quantos civis seriam feridos; a suposição era que o número seria sempre zero", disse uma fonte com conhecimento

---

28 AP e redação da TOI, *Israeli strikes on Gaza homes 'killed mostly civilians,' report says*, Times of Israel, 13 de fevereiro de 2015.

Fábrica de assassinatos em massa

aprofundado da tática. "Significaria que haveria uma evacuação total dos edifícios visados, o que leva de duas a três horas, durante a qual os moradores são contatados por telefone para que evacuem, avisando que mísseis de alerta serão disparados e realizamos uma verificação cruzada com imagens de drones de que as pessoas estão de fato deixando o arranha-céu", acrescentou a fonte.

No entanto, as evidências de Gaza sugerem que alguns arranha-céus – que assumimos terem sido alvos de poder – foram derrubados sem aviso prévio. O +972 e a Local Call localizaram pelo menos dois casos durante a guerra atual em que arranha-céus residenciais inteiros foram bombardeados e desabaram sem aviso, e um caso em que, segundo as evidências, um arranha-céu desabou sobre civis que estavam dentro.

Em 10 de outubro, Israel bombardeou o edifício Babel, em Gaza, segundo testemunho[29] de Bilal Abu Hatzira, que resgatou corpos das ruínas naquela noite. Dez pessoas morreram no ataque ao prédio, incluindo três jornalistas.

Em 25 de outubro, o edifício residencial Al-Taj, de 12 andares, na Cidade de Gaza, foi bombardeado, matando as famílias que viviam dentro dele sem aviso. Cerca de 120 pessoas foram soterradas sob as ruínas de seus apartamentos, segundo depoimentos de moradores. Yousef Omar Sharif, morador de Al-Taj, escreveu no X[30] que 37 de seus familiares que moravam no prédio morreram no ataque: "Meu querido pai e minha mãe, minha amada esposa, meus filhos e a maioria de meus irmãos e suas famílias". Moradores afirmaram que muitas bombas foram lançadas, danificando e destruindo apartamentos em prédios próximos também.

Seis dias depois, em 31 de outubro, o prédio residencial de oito andares de Al-Mohandseen foi bombardeado[31] sem aviso. Entre 30 e 45 corpos foram recuperados das ruínas no primeiro dia. Um

---

29 Wafa Agency, *https://www.youtube.com/watch?v=QklsbrnWnno*

30 Yousef Omar Sharif, *https://twitter.com/_Ysharaf/status/1722596375420920273*

31 Al Jazeera, *https://twitter.com/AJArabic/status/1719806516096532857*

bebê foi encontrado com vida, sem os pais. Jornalistas estimam[32] que mais de 150 pessoas morreram no ataque,[33] enquanto muitas permaneceram soterradas debaixo dos escombros.

O prédio ficava no Campo de Refugiados de Nuseirat, ao sul de Wadi Gaza – na suposta "zona segura" para onde Israel direcionou os palestinos que fugiram de suas casas no norte e centro de Gaza – e, portanto, serviu de abrigo temporário para os deslocados, segundo testemunhos.[34]

De acordo com uma investigação[35] da Anistia Internacional, em 9 de outubro, Israel bombardeou ao menos três prédios de diversos andares, assim como um mercado de rua aberto em uma rua lotada no Campo de Refugiados de Jabaliya, matando pelo menos 69 pessoas. "Os corpos foram incinerados (…) Eu não quis olhar, tinha medo de olhar para o rosto do Imad", disse o pai de uma criança morta. "Os corpos estavam espalhados pelo chão. Todos procuravam seus filhos nessas pilhas. Reconheci meu filho apenas pelas calças. Eu queria enterrá-lo imediatamente, então carreguei meu filho e o tirei dali."

Segundo investigação da Anistia Internacional, o Exército disse que o ataque à área do mercado tinha como alvo uma mesquita "onde havia militantes do Hamas". No entanto, segundo a mesma investigação, as imagens de satélite não mostram uma mesquita nas proximidades.

O porta-voz das forças armadas não abordou as perguntas do +972 e da Local Call sobre ataques específicos, mas afirmou de forma mais geral que "as forças armadas deram avisos antes dos ataques de várias maneiras e, quando as circunstâncias permitiram, também emitiram avisos individuais por meio de ligações telefônicas para pessoas que estavam nos alvos ou perto deles (houve mais de 25.000 conversas ao vivo durante a guerra, além de milhões de

---

32 Al Mayadeen, *https://twitter.com/AlMayadeenNews/status/1720674657278329181*

33 Al Hadath, *https://twitter.com/AlHadath/status/1719565782173032572*

34 Bashar Hamdan, *https://twitter.com/Bashar_Hamdan/status/1719844784355860691*

35 Anistia Internacional, *Damning evidence of war crimes as Israeli attacks wipe out entire families in Gaza,* 20 de outubro de 2023.

Fábrica de assassinatos em massa

conversas gravadas, mensagens de texto e panfletos que foram jogado do alto com o objetivo de alertar a população). Em geral, as forças israelenses trabalham para reduzir ao máximo os danos aos civis como parte dos ataques, apesar do desafio de combater uma organização terrorista que usa os cidadãos de Gaza como escudos humanos."

Inteligência Artificial Habsora

Segundo porta-voz das forças armadas, em 10 de novembro, durante os primeiros 35 dias de combates, Israel atacou um total de 15.000 alvos em Gaza. Com base em várias fontes, este é um número muito alto em comparação com as quatro grandes operações anteriores na Faixa. Durante a operação Guardião dos Muros em 2021, Israel atacou 1.500 alvos em 11 dias. Na operação de 2014, que durou 51 dias, Israel atingiu entre 5.266 e 6.231 alvos. Durante a operação Pilar da Defesa em 2012, cerca de 1.500 alvos foram atacados em oito dias. Em 2008, Israel atingiu 3.400 alvos em 22 dias.

Fontes dos serviços de inteligência que serviram nas operações anteriores também disseram ao +972 e à Local Call que por 10 dias em 2021 e três semanas em 2014, uma média de ataques de 100 a 200 alvos por dia levou a uma situação em que a Força Aérea israelense não tinha mais alvos de valor militar. Por que, então, depois de quase dois meses, o exército israelense ainda não ficou sem alvos na guerra atual?

A resposta pode estar em um comunicado[36] do porta--voz das forças armadas de 2 de novembro, segundo o qual estariam usando o sistema de inteligência artificial Habsora ("O Evangelho", em hebraico) que "permite o uso de ferramentas automáticas para produzir alvos em um ritmo rápido e funciona melhorando o material de inteligência precisa e de alta qualidade segundo as necessidades operacionais".

---

36 Forças Armadas de Israel, הצצה לעפמל תורטמה לש הצ ל"הג לעופה לביכסמ שלעשׁו [Ḥazzah la-mafʿal ha-matrōt shel Tzahal ha-poʿel misaviv le-shaʾon], 2 de novembro de 2023.

Na Sombra do Holocausto

No comunicado, um alto funcionário da inteligência é citado afirmando que, graças a Habsora, alvos são criados para ataques de precisão "enquanto causam grande dano ao inimigo e dano mínimo a não-combatentes. Os militantes do Hamas não estão imunes – não importa onde se esconderem."

A Habsora gera, segundo fontes do setor de inteligência, entre outras coisas, recomendações automáticas para atacar residências privadas onde vivem pessoas suspeitas de serem militantes do Hamas ou da Jihad Islâmica. Israel então realiza operações de assassinato em grande escala através do bombardeio pesado dessas casas.

Habsora, explicou uma das fontes, processa enormes quantidades de dados que "dezenas de milhares de agentes de inteligência não poderiam processar" e recomenda bombardear locais em tempo real. Como a maioria dos altos dirigentes do Hamas se deslocam para túneis subterrâneos com o início de qualquer operação militar, dizem as fontes, o uso de um sistema como o Habsora torna possível localizar e atacar as casas de militantes bastante jovens.

Um ex-oficial de inteligência explicou que o sistema Habsora permite que o Exército administre uma "fábrica de assassinatos em massa", na qual a "ênfase é na quantidade e não na qualidade". Um olhar humano "irá examinar os alvos antes de cada ataque, mas não precisa gastar muito tempo neles". Como Israel estima que há cerca de 30.000 membros do Hamas em Gaza, e todos eles estão marcados para morrer, o número de alvos potenciais é enorme.

Em 2019, o exército israelense criou um centro com o objetivo de usar IA para acelerar a geração de alvos. "A Divisão Administrativa de Alvos é uma unidade que inclui centenas de militares, e é baseada em capacidades de Inteligência artificial", afirmou o ex-chefe do Estado-Maior das forças armadas, Aviv Kochavi, em uma longa entrevista[37] com a Ynet no início deste ano.

---

37 Ron Lashem, וקיה', סקירטסמ'ב ומכ תמא ןמוב ויעידמ שי .סונש רשע ינפל היהש המל המוד אל ל"הצ": יבכוכ ביבא *תוצצפה* תוליטה ונהשיליט גדל [*Aviv Kochavi: "Tzahal lo domeh lema shehaya lifnei eser shanim. Yesh modi'in bazman emet kmo b'Matrix, hekef hafetsutot ve'hatilim gadal*], Ynet, 23 de junho de 2023.

Fábrica de assassinatos em massa

"Esta é uma máquina que, com a ajuda da IA, processa em uma escala muito maior e mais rápida que qualquer ser humano, e os traduz em alvos para ataque", continuou Kochavi. "O resultado foi que na Operação Guardião dos Muros, em 2021, a partir do momento em que essa máquina foi ativada, gerou 100 novos alvos todos os dias. Veja bem, no passado, atravessamos momentos em Gaza que criávamos 50 metas por ano. E agora a máquina produziu 100 alvos em um dia."

"Preparamos as metas no automático e trabalhamos de acordo com uma lista de verificação", disse uma das fontes que trabalhou na nova Divisão Administrativa de Alvos ao +972 e à Local Call. "Realmente é como uma fábrica. Trabalhamos rapidamente e não há tempo para nos aprofundarmos no alvo. A perspectiva é que somos julgados de acordo com o número de metas que conseguimos gerar."

Graças aos sistemas de IA do exército, segundo um alto funcionário das forças armadas encarregado do banco de alvos afirmou[38] ao Jerusalem Post no início deste ano, pela primeira vez os militares podem gerar novos alvos em um ritmo mais rápido do que atacam. Outra fonte disse que o impulso para a produção automática de amplo número de alvos é uma realização da Doutrina Dahiya.

Sistemas automatizados como o Habsora facilitaram muito o trabalho dos chefes de inteligência israelenses na tomada de decisões durante as operações militares, incluindo o cálculo de possíveis baixas. Cinco fontes diferentes confirmaram que o número potencial de civis mortos em ataques a moradias particulares é conhecido com antecedência pela inteligência israelense, aparecendo bem exposto no encaminhamento do alvo na categoria de "danos colaterais".

Há graus de danos colaterais, segundo as fontes, para os quais o Exército determina se é possível atacar um alvo dentro de uma residência particular. "Quando a diretriz geral se torna 'Dano

---

38 Yonah Jeremy Bob, *IDF bombs whole Gaza neighborhoods to hit Hamas targets – official*, Jpost, 11 de outubro de 2023.

Colateral 5', isso significa que estamos autorizados a atacar todos os alvos que matarão cinco ou menos civis – podemos agir em todos os alvos que sejam cinco ou menos", disse uma das fontes.

"No passado, não marcávamos com frequência as casas dos ativistas de base do Hamas para alvejamento", disse um oficial de segurança que participou do ataque a alvos durante operações anteriores. "No meu tempo, se a casa sobre a qual eu estava trabalhando fosse marcada como Dano Colateral 5, nem sempre seria aprovada para ataque." Essa aprovação, disse ele, só seria recebida se fosse confirmado que um comandante do Hamas morava na casa.

"Ao meu entender, hoje eles podem marcar todas as casas de qualquer agente militar do Hamas, independente da patente", continuou a fonte. "São muitas e muitas casas. Membros irrelevantes do Hamas moram espalhados por toda Gaza. Então eles marcam a casa, bombardeiam e matam todo mundo lá."

Ataques às residências palestinas

Em 22 de outubro, a Força Aérea israelense bombardeou a casa do jornalista palestino Ahmed Alnaouq, na cidade de Deir al-Balah. Ahmed é um grande amigo e colega meu; há quatro anos, fundamos uma página em hebraico no Facebook chamada "Além do Muro[39]", voltada a projetar as vozes palestinas de Gaza ao público israelense.

O ataque de 22 de outubro derrubou blocos de concreto sobre toda a família de Ahmed, matando seu pai, irmãos, irmãs e todos os seus filhos, incluindo bebês. Apenas sua sobrinha de 12 anos, Malak, sobreviveu em estado crítico, com o corpo coberto de queimaduras. Alguns dias depois, Malak morreu.

Vinte e um membros da família de Ahmed foram mortos no total, enterrados nos escombros da sua casa. Nenhum deles era militante. O mais novo tinha 2 anos; o mais velho, o pai, tinha

---

39 Linda Dayan, *Ahmed Wanted Israelis to Listen to Gazans. Then 23 of His Family Members Were Killed*, Haaretz, 2 de novembro de 2023.

Fábrica de assassinatos em massa

75 anos. Ahmed, que hoje vive no Reino Unido, foi o único que sobrou de toda a sua família.

O grupo de WhatsApp da família de Ahmed é intitulado "Melhor Juntos". A última mensagem que aparece ali foi enviada por ele, pouco depois da meia-noite na madrugada em que perdeu a família. "Alguém me avise que está tudo bem", escreveu. Ninguém lhe respondeu. Após adormecer, acordou em pânico às 4h da manhã. Encharcado de suor, ele verificou o celular de novo. Silêncio. Em seguida, recebeu uma mensagem de um amigo com a notícia aterrorizante.

O caso de Ahmed é comum em Gaza nos dias de hoje. Em entrevistas à imprensa, os chefes dos hospitais têm repetido a mesma descrição: as famílias entram nos hospitais como uma sucessão de cadáveres, uma criança seguida pelo pai seguido pelo avô. Os corpos cobertos de sujeira e sangue.

Segundo um ex-integrante do serviço de inteligência israelense, em muitos casos de bombardeio de residências particulares, o objetivo é "assassinar militantes do Hamas ou da Jihad", afirmando que o alvo é atacado quando o militante entra na casa. Os operadores dos serviços de inteligência sabem das possibilidades dos familiares ou vizinhos do militante também morrerem no ataque, sabendo também calcular com antecedência o número de mortos. Cada uma das fontes disse que se trata de moradias particulares, onde, na maioria dos casos, nenhuma atividade militar foi realizada.

A revista +972 e Local Call não têm dados sobre o número de militantes de fato mortos ou feridos por ataques aéreos a moradias privadas na guerra atual, mas há ampla evidência indicando a ausência de qualquer militante pertencente ao Hamas ou à Jihad Islâmica em muitas delas.

Em 10 de outubro, a Força Aérea israelense bombardeou um prédio de apartamentos no bairro de Sheikh Radwan, em Gaza, matando 40 pessoas, a maioria mulheres e crianças. Em um dos vídeos[40] chocantes feitos após o ataque, as pessoas são vistas

---

40 Husnain bhatti, *https://twitter.com/Husnain62643787/status/1711796332166611056*

gritando, segurando o que parece ser uma boneca retirada das ruínas da casa, passando-a de mão em mão. Quando a câmera amplia, pode-se ver que não é uma boneca, mas o corpo de um bebê.

Um dos moradores disse que 19 membros de sua família foram mortos no ataque. Outro sobrevivente escreveu no Facebook que só encontrou o ombro do filho nos escombros. A Anistia Internacional investigou[41] o ataque e descobriu que um membro do Hamas morava em um dos andares superiores do prédio, mas não estava presente no momento do ataque.

O bombardeio de casas de famílias onde supostamente vivem militantes do Hamas ou da Jihad Islâmica, ao que tudo indica, se tornou uma política planejada das forças armadas de Israel durante a Operação Borda Protetora, em 2014. Naquela época, 606 palestinos (cerca de um quarto das mortes de civis[42] durante os 51 dias de combates) pertenciam a famílias cujas casas foram bombardeadas. Um relatório da ONU[43] de 2015 definiu a prática como potencial crime de guerra e "um novo padrão" de ação que "levou à morte de famílias inteiras".

Em 2014, 93 bebês foram mortos pelos bombardeios israelenses a casas de famílias, dos quais 13 tinham menos de 1 ano de idade.[44] Nas primeiras duas semanas em meia dos bombardeios israelenses, 286 bebês com 1 ano ou menos foram identificados como mortos em Gaza, segundo uma lista detalhada,[45] com as idades e documentação das vítimas publicada pelo Ministério da Saúde de Gaza em 26 de outubro. Desde então, o número mais que dobrou ou triplicou.

41 Anistia Internacional, *Damning evidence of war crimes as Israeli attacks wipe out entire families in Gaza*, 20 de outubro de 2023.

42 The Israeli Information Center for Human Rights in the Occupied Territories (B'tselem), *BLACK FLAG: The Legal and Moral Implications of the Policy of Attacking Residential Buildings in the Gaza Strip*, janeiro de 2015.

43 Escritório das Nações Unidas para a Coordenação de Assuntos Humanitários, *The United Nations Independent Commission of Inquiry on the 2014 Gaza Conflict*, 24 de junho de 2015.

44 B'tselem, *BLACK FLAG: The Legal and Moral Implications of the Policy of Attacking Residential Buildings in the Gaza Strip*, janeiro de 2015.

45 Ministério da Saúde do Estado da Palestina, *List of victims of the Israeli aggression on the Gaza Strip during the period 7-26 October 2023 with a total number was 6747 (not including 281 unidentified persons)*, https://drive.google.com/file/d/19xErp5tA1aqHlGoPyx52Dak9LGJ8yioX/view

Fábrica de assassinatos em massa

No entanto, em muitos casos, e em particular[46] durante os atuais ataques[47] a Gaza, o exército israelense realizou ataques que atingiram residências privadas, mesmo quando não havia um alvo militar conhecido ou evidente. Por exemplo, segundo o Comitê para a Proteção dos Jornalistas, até 29 de novembro, Israel havia matado 50 jornalistas palestinos em Gaza, alguns deles em suas próprias casas com suas famílias.

Roshdi Sarraj, 31, jornalista de Gaza que nasceu na Grã-Bretanha, fundou um canal em Gaza chamado *Ain Media*. Em 22 de outubro, uma bomba israelense atingiu a casa de seus pais, onde ele dormia, matando-o.[48] A jornalista Salam Mema também morreu embaixo dos escombros de sua casa depois que ela foi bombardeada; de seus três filhos pequenos, Hadi, de 7 anos, morreu, enquanto Sham, de 3, ainda não foi encontrada em meio a destruição. Duas outras jornalistas, Duaa Sharaf[49] e Salma Makhaimer,[50] foram mortas junto aos seus filhos em suas casas.

Analistas israelenses admitiram que a eficácia militar desse tipo de ataque aéreo desproporcional é limitada. Duas semanas após o início dos bombardeios em Gaza (e antes da invasão terrestre) – depois que os corpos de 1.903 crianças, cerca de 1.000 mulheres e 187 homens idosos foram contados na Faixa de Gaza – o comentarista israelense Avi Issacharoff tuitou:[51] "Por mais difícil que seja ouvir, no 14º dia de combates, não parece que o braço militar do Hamas tenha sido prejudicado de forma significativa.

46 Al Mezan Centro de Direitos Humanos, *Days 4-5: Israel destroys entire residential neighborhoods and intensifies mass killings of Palestinians in Gaza*, 11 de outubro de 2023.

47 Al Mezan, *Days 4-5: Israel destroys entire residential neighborhoods and intensifies mass killings of Palestinians in Gaza*, 11 de outubro de 2023.

48 Jennifer Hassan, Niha Masih, Ellen Francis and Sammy Westfall, *Journalists killed in the Israel-Gaza war: A look at the lives lost*, Washington Post, 19 de outubro de 2023.

49 Middle East Monitor, *Palestinian journalist killed in Israeli air strikes on Gaza*, 26 de outubro de 2023.

50 Sindicato dos jornalistas da Palestina, *https://www.facebook.com/PALESTINIANJOURNALISTSSYNDICATE/posts/pfbid02b-n2UML8XjSUg961v2TNvU1dBc8L5UPFfg72MzunnAGbio63ZAYeFY25SLbjEyYQxl*

51 Avi Issacharoff, https://twitter.com/issacharoff/status/1715445906084893102

Na Sombra do Holocausto

O dano mais relevante à liderança militar foi o assassinato do comandante do Hamas Ayman Nofal."

"Combate aos animais humanos'

Os militantes do Hamas operam em geral a partir de uma intrincada rede de túneis construídos debaixo de grandes trechos da Faixa de Gaza. Esses túneis, como confirmado pelos ex-dirigentes dos serviços de inteligência israelenses com quem conversamos, também passam debaixo de casas e estradas. Portanto, as tentativas israelenses de destruí-los com ataques aéreos são, em muitos casos, suscetíveis a matança de civis.

Esta pode ser outra explicativa para o elevado número de famílias palestinas dizimadas na atual ofensiva. Os agentes dos serviços de inteligência entrevistados para esse artigo disseram que o Hamas construiu sua rede de tuneis explorando de forma consciente a localização acima do solo da infraestrutura e população civil... Em resposta a uma consulta do +972 e da Local Call para este artigo, o porta-voz das forças armadas de Israel afirmou: "As forças armadas israelenses estão comprometidas com o direito internacional e agem de acordo com ele, e ao fazê-lo atacam alvos militares e não atacam civis. A organização terrorista Hamas coloca seus militantes políticos e militares no coração da população civil. O Hamas usa sistematicamente a população civil como escudo humano e conduz combates a partir de edifícios civis, incluindo locais sensíveis, como hospitais, mesquitas, escolas e instalações da ONU."

Fontes dos serviços inteligência que falaram com +972 e Local Call também acusaram o Hamas de "colocar em risco a população civil em Gaza de forma deliberada e tenta impedir à força a evacuação de civis". Duas fontes disseram que os líderes do Hamas "entendem que os danos israelenses aos civis lhes dão legitimidade nos combates". Ao mesmo tempo, embora seja difícil imaginar, a ideia de atirar uma bomba de uma tonelada, com o

Fábrica de assassinatos em massa

objetivo de matar um único ativista do Hamas, matando, porém, sua família inteira como "dano colateral", não foi sempre aceito de forma tão explícita por grandes setores da sociedade israelense.

A Força Aérea de Israel, em 2002, por exemplo, bombardeou a casa de Salah Mustafa Muhammad Shehade, então lideranças das Brigadas Al-Qassam, ala militar do Hamas. Junto a ele, o ataque matou sua esposa Eman, sua filha Laila, de 14 anos, e outros 14 civis, incluindo 11 crianças. O assassinato causou um alvoroço público em Israel e no mundo, e Israel foi acusado de cometer crimes de guerra.

Essas críticas levaram a uma decisão do exército israelense em 2003 a lançar uma bomba menor, de um quarto de tonelada, em uma reunião de altos dirigentes do Hamas – incluindo o líder das Brigadas Al-Qassam, Mohammed Deif – em um prédio residencial em Gaza, apesar do temor de que não seria poderosa o suficiente para matá-los. Em seu livro "Conhecer o Hamas", o veterano jornalista israelense Shlomi Eldar escreveu que a decisão de usar uma bomba relativamente pequena se deveu ao precedente Shehade[3] e ao medo de que uma bomba de uma tonelada também matasse os civis no prédio. O ataque falhou e os dirigentes principais da ala militar fugiram do local.

Em dezembro de 2008, na primeira grande guerra que Israel travou contra o Hamas depois de tomar o poder em Gaza, Yoav Gallant, na época chefe o Comando Sul das forças armadas, afirmou pela primeira vez estar "atingindo as casas das famílias" de altos dirigentes do Hamas com o objetivo de destruí-las, mas não ferir suas famílias. Gallant enfatizou que as casas foram atacadas depois que as famílias foram avisadas por uma "batida no telhado", bem como por telefone, depois das aparentes atividades militares do Hamas ocorrendo dentro da casa.

Depois da operação militar Borda Protetora de 2014, durante o qual Israel começou a atacar de forma sistemática as casas de famílias pelo ar, grupos de direitos humanos como B'Tselem[52] coletaram testemunhos de palestinos que sobreviveram a esses ataques. Os

---

52 The Israeli Information Center for Human Rights in the Occupied Territories (B'tselem), *BLACK FLAG: The Legal and Moral Implications of the Policy of Attacking Residential Buildings in the Gaza Strip*, janeiro de 2015.

Na Sombra do Holocausto

sobreviventes disseram que as casas desabaram sobre si, cacos de vidro cortaram seus corpos, os destroços "cheiravam a sangue", enterrando as pessoas vivas.

Essa política sanguinária continua até hoje – graças, em parte, ao uso de armamento destrutivo e de tecnologias sofisticadas como o Habsora, mas também a um establishment político e de segurança que afrouxou as rédeas da máquina militar de Israel. Quinze anos depois de insistir que o Exército se esforçava para minimizar os danos civis, Gallant, agora ministro da defesa, teve uma mudança óbvia de tom. "Estamos lutando contra animais humanos e agimos em conformidade", disse após 7 de outubro.

A violência de Israel jamais trará "segurança" às pessoas, incluindo os judeus

Sarah Lazare e Maya Schenwar[1]

---

1 Publicado no site Truthout, *"Israel's Violence Will Never Bring 'Safety' to Anyone, Including Jews:"*, 18 de outubro de 2023. Traduzido por Carolina Freitas.

O horror e o drama em Gaza atingem novas proporções por minuto: o cerco de Israel matou pelo menos 3.400 pessoas, ferindo mais de 12 mil na última semana e meia[2], enquanto uma possível invasão terrestre ameaça uma nova escalada indescritível de violência. Os colonos e as forças israelenses também mataram 61 pessoas e feriram 1.250 na Cisjordânia e em Jerusalém Oriental. O número de mortos aumenta mesmo quando os palestinos e seus apoiadores marcham e se mobilizam por todo o mundo em protestos efervescentes.

Para nós, jornalistas judeus anti-sionistas, a última semana e meia foi uma enxurrada de incontáveis tristezas.

Lamentamos e lutamos contra a violência contínua – e agora intensificada de forma catastrófica – da colonização, da ocupação, do apartheid e da campanha genocida contra os palestinos[3], levada a cabo por um governo que invoca com cinismo o nome dos judeus para intensificar seu investimento em políticas opressoras.

Assistimos, também, com crescente horror, a forma como o governo israelense instrumentaliza a dor do povo judeu, que perdeu entes queridos nos ataques do Hamas, que mataram 1.400 pessoas e feriram 3.400. O governo está transformando esta dor em uma arma, explorando-a para justificar a aniquilação de Gaza (mesmo que alguns israelenses, que perderam entes queridos nos ataques, insistam em não se vingar dos palestinos)[4].

Na verdade, é em nome da "segurança judaica" e do seu sofrimento que, não só Israel, mas quase toda a Europa, e com certeza os Estados Unidos, marcham lado a lado por detrás da

---

2 *Israel says it won't block humanitarian aid entering Gaza from Egypt*, Al Jazeera, 18 de outubro de 2023.

3 Raz Segal, *A Textbook Case of Genocide*, Jewish Currents, 13 de outubro de 2023.

4 Tweet de Avner Gvaryahu, 12 de outubro de 2023.

nova guerra unificada, já responsável por matar milhares, e leva adiante uma segunda Nakba, forçando cerca de 1,1 milhão de pessoas a abandonarem suas casas[5]. A "segurança judaica" é a desculpa para lançar fósforo branco, causador de queimaduras tóxicas severas, em Gaza e no Líbano, enquanto o Ministro da Defesa de Israel declara: "estamos lutando contra animais humanos". O presidente Joe Biden, o secretário de Estado Antony Blinken, quase todos os membros do Congresso e pessoas como Lindsay Graham, notório seguidor do pastor antissemita John Hagee[6], estão invocando a "segurança judaica", para apoiar de forma incondicional um evidente massacre.

Mas um número crescente de judeus – incluindo muitos descendentes de sobreviventes do Holocausto e dos pogroms – rejeitam a ideia de que a violência colonial trouxe "segurança". Isto implica, para alguns, reconhecer que a ideologia política do sionismo moderno, e o aparelho militar que se desenvolveu ao lado dele, é um perigo para todos, incluindo os judeus.

As ações do Estado de Israel, cuja história de 75 anos foi forjada a partir do colonialismo britânico, mergulhada no sangue e no deslocamento étnico dos palestinos – com apoio político e financeiro dos EUA –, são uma ilustração trágica desta realidade. Os acontecimentos da última semana e meia esclarecem isso. Os sistemas de ocupação e apartheid israelense, baseados em uma infraestrutura militar de subjugação cada vez maior dos palestinos, são um poço profundo de violência. As raízes das mortes trágicas que vimos acontecer em 7 de Outubro são, como salientou o grupo *Vozes Judaicas pela Paz*, o apartheid e a opressão colonial sistêmica[7]. E a aparente falta de preocupação de Israel até mesmo com o seu próprio povo, ao atacar Gaza de forma indiscriminada, enquanto 199 israelenses estão supostamente mantidos lá como

---

5 Human Rights Watch, *Questions and Answers on Israel's Use of White Phosphorus in Gaza and Lebanon*, 12 de outubro de 2023.

6 Sarah Lazare, *The Terrifying Alliance Between End Times Christian Zionists and Donald Trump*, In These Times, 05 de outubro de 2020.

7 Jewish Voice for Peace, *The Root of Violence Is Oppression*, 07 de outubro de 2023.

A violência de Israel jamais trará "segurança" às pessoas, incluindo os judeus

reféns, nos lembra que as vidas humanas (incluindo as vidas dos judeus) não são sua prioridade.

Este desrespeito pela vida humana, incluindo a judaica, está enraizado numa história específica. Theodor Herzl, fundador do sionismo moderno, disse em seu panfleto de 1896, *O Estado Judeu*, que Israel seria "neutro" e necessitaria apenas de um "exército profissional". No entanto, o conceito de "neutralidade" nas terras colonizadas é uma contradição em termos e, como previsto, Israel foi se estabelecendo como uma sociedade fortemente militarizada na qual, desde o início, o serviço militar foi obrigatório para os judeus. Em *O Estado Judeu*, Herzl apelou à criação de uma empresa que executasse os interesses comerciais dos judeus que partiam dos seus países de origem e organizasse o comércio no novo país. Para levantar capital para esta empresa, ele escreveu: "Não apenas os judeus pobres, mas também os cristãos que quisessem se livrar deles, contribuiriam com uma pequena quantia para este fundo". O primeiro-ministro britânico, Arthur Balfour, que emitiu a declaração anunciando o apoio da Grã-Bretanha a um Estado judeu na Palestina, foi motivado pelo seu medo do que chamou de "males inquestionáveis" da migração judaica da Europa Oriental para a Grã-Bretanha[8].

Para os colonizadores que pressionaram pela criação de Israel, a segurança dos judeus nunca foi o verdadeiro objetivo. Em vez disso, Israel apresentou uma alternativa conveniente ao acolhimento de grandes números de refugiados judeus dos seus próprios países. Os EUA rejeitou e perseguiu milhares de refugiados, incluindo aqueles que procuravam asilo da Alemanha nazista[9]. O "Estado Judeu", que com frequência é retratado como tendo emergido como uma resposta pacífica à violência antissemita, foi em parte forjado para servir aos interesses de atores antissemitas ou insensíveis ao sofrimento dos judeus. Ao apoiar Israel, os EUA

---

8 Simon Childs, *The Weird History and Dire Present of Britain's Role in Israel and Palestine*, Vice, 03 de novembro de 2017.

9 Daniel A. Gross, *The U.S. Government Turned Away Thousands of Jewish Refugees, Fearing That They Were Nazi Spies*, Smithsonian Magazine, 18 de novembro de 2015.

e outros colonizadores procuravam o poder geopolítico em um contexto colonial, uma realidade que continua até hoje, às custas, em particular, dos palestinos, na medida em que a desumanização racista sustenta o sionismo moderno.

"Não existe segurança em uma sociedade baseada no militarismo etnonacionalista. A segurança só pode vir por meio da libertação coletiva".

Embora a maioria dos judeus nos EUA afirmem ver Israel como uma parte importante do seu judaísmo[10], um número relevante não o faz e, de fato, rejeita com vigor a ideologia política que reforça o estado etnonacionalista. Vale lembrar que desde que o sionismo moderno existe, ele é criticado – inclusive pela esquerda judaica. Hoje, muitos desses críticos estão envolvidos em cooperações com militantes palestinos para denunciar o etnonacionalismo e a colonização; em oposição a isso, trabalham para a construção de uma sociedade baseada na justiça e na igualdade, na qual os palestinos não sejam sitiados, expropriados, exilados, ou tratados como cidadãos de terceira classe, e assim todos poderão viver em segurança.

Nas décadas que antecederam a Segunda Guerra Mundial, muitos judeus de esquerda não quiseram aderir ao imperialismo britânico, com o qual o sionismo político mantinha ligações inextricáveis. Alguns também reconheceram o antissemitismo que impulsionou as potências coloniais a apoiarem a criação de Israel, enquanto outros compreenderam que a imposição de um Estado judeu exclusivista contrariava princípios democráticos.

Esta história é capturada em um artigo de 2020 para a revista *American Quarterly* intitulado "Quando o antissionismo era judeu"[11]. Seu autor, Benjamin Balthaser, professor associado de literatura multiétnica na Universidade de Indiana em South Bend,

---

10 Justin Nortey, *U.S. Jews have widely differing views on Israel*, Pew Research Center, 21 de março de 2021.

11 Benjamin Balthaser, *When Anti-Zionism Was Jewish: Jewish Racial Subjectivity and the Anti-Imperialist Literary Left from the Great Depression to the Cold War*, American Quarterly, junho de 2020.

A violência de Israel jamais trará "segurança" às pessoas, incluindo os judeus

escreve: "A crítica ao sionismo era comum na esquerda judaica nas décadas de 1930 e 1940, tão comum que um historiador da literatura cultural sionista encontraria apenas um autor judeu de esquerda, Meyer Levin, que abordou temas pró-sionistas (e, de fato, seus romances foram amplamente rebatidos)".

Em alguns setores da esquerda judaica, esse sentimento permaneceu após o Holocausto, uma realidade que é frequentemente ignorada. Como Balthaser explica em entrevista de 2020, publicada na revista *These Times*:[12]

> É inegavelmente correto dizer que sem o Holocausto, provavelmente Israel inexistiria, pelo simples fato do pesado fluxo de refugiados judeus após a guerra que, de outra forma, teriam com certeza permanecido na Europa. Sem esse êxodo de judeus que lutaram na guerra de 1948, e povoaram Israel logo a seguir, é improvável que um Estado independente pudesse ter tido sucesso.

No entanto, algo que achei muito surpreendente ao ler a imprensa de esquerda judaica na década de 1940 – publicações dos trotskistas do Partido Socialista dos Trabalhadores, do Partido Comunista e escritos de Hannah Arendt – é que, mesmo após uma compreensão mais ampla do Holocausto, a posição oficial ainda era antissionista. Eles podem ter exigido que os judeus fossem reassentados nas terras de onde foram expulsos ou massacrados, com plenos direitos e cidadania, que fossem autorizados a imigrar para os Estados Unidos, ou mesmo que fossem habilitados a emigrar para a Palestina, se não houvesse outro lugar para ir (o caso mais frequente). Mas eles ainda eram totalmente contra a divisão e a criação de um Estado exclusivo para os judeus.

Tais críticas, é claro, foram feitas para além da esquerda judaica, forjadas com urgência pelos palestinos forçados pelas potências coloniais, em primeira mão, a confrontarem a violência

---

12 Sarah Lazare, *The Forgotten History of the Jewish, Anti-Zionist Left*, In These Times, 13 de julho de 2020.

do sionismo moderno. O intelectual palestino Edward Said escreveu em seu trabalho de 1979, "Sionismo sob o Ponto de Vista de Suas Vítimas":

> Instituições foram construídas com a exclusão deliberada dos nativos, leis foram elaboradas quando Israel surgiu para garantir que os nativos permanecessem em seu "não-lugar", os judeus no deles, e assim por diante... Não é de se admirar que hoje a única questão que eletrize Israel como sociedade seja o problema dos Palestinos, cuja negação é o fio condutor mais consistente, que atravessa o sionismo. Talvez este seja o seu aspecto infeliz que o liga, de forma inelutável, ao imperialismo – pelo menos no que diz respeito aos palestinos.

Os judeus antissionistas reconhecem que devemos fazer o oposto: rejeitar a negação dos palestinos, em todas as suas formas.

Embora o antissionismo judaico não seja uma posição majoritária, é hoje uma força inegável na política dos EUA. A *Vozes Judaicas pela Paz*, uma organização dos EUA, divulgou uma declaração em 2019 explicando porque assume essa posição[13].

"O sionismo significou um trauma profundo durante gerações, cortando sistematicamente os palestinos das suas casas, terras e uns dos outros", afirma. "O sionismo, na prática, resultou em massacres do povo palestino, na destruição de antigas aldeias e olivais, e na separação, por postos de controle e muros, de famílias que vivem a apenas um quilômetro e meio de distância umas das outras, com crianças que se apegam às chaves das casas de onde partiram os seus avós em exilio forçado".

A declaração continua: "Ao partilharmos as nossas histórias uns com os outros, vemos as formas como o sionismo também prejudicou o povo judeu. Muitos de nós aprendemos com o sionismo a tratar nossos vizinhos com suspeita, a esquecer as formas como os

---

13   Jewish Voice for Peace, *Our Approach to Zionism*.

A violência de Israel jamais trará "segurança" às pessoas, incluindo os judeus

judeus construíram o lar e a comunidade onde quer que nos encontrássemos". Deve ser dito que o número de judeus dos EUA que estão dispostos a criticar e questionar abertamente a ocupação de Israel, mesmo sem se considerarem antissionistas, aumentou desde o governo Trump.

Nos EUA, os antissionistas, ao lado dos críticos das ações do governo israelense, também apontam para o enorme complexo militar que sustenta Israel – que gastou 23,4 bilhões de dólares nas suas forças armadas em 2022, segundo o Instituto Internacional de Pesquisa para a Paz de Estocolmo — e a cumplicidade do nosso próprio país: Israel recebe anualmente cerca de 3,3 bilhões de dólares em ajuda militar dos EUA.

Hoje, membros da *Vozes Judaicas pela Paz*, *If Not Now*, e outros judeus e apoiadores estão atuando em Washington, D.C., exigindo que o Presidente Biden use sua influência para forçar Israel a cessar seu ataque aos palestinos em Gaza. Dizem: "Não ao genocídio em nosso nome", com muitos detidos por atos de desobediência civil.

Alguns críticos das políticas e ações militares israelenses vêm de Israel. Os reservistas do exército, que recusaram o combate na guerra do Líbano, formaram o grupo *Yesh Gvul*, ["Há um limite"], em 1982. Em 2002, cinco jovens que negaram o recrutamento para o serviço militar israelense por razões éticas foram condenados a dois anos de prisão. Nos últimos tempos, estes objetores de consciência se autodenominaram *Shministim*, palavra hebraica para "alunos do 12° ano" – a idade em que os israelenses são recrutados para o serviço militar, uma fase em que ninguém deveria se tornar o braço de um colonizador (não que haja alguma boa idade para isso). Em um exército onde é difícil obter dispensa com base no estatuto de objeção de consciência, muitos destes jovens enfrentaram penas de prisão contínuas.

O jornalista Haggai Matar, em 2002, foi um dos israelenses que escolheu a prisão em vez de contribuir com a ocupação. Em 7 de Outubro, escreveu uma comovente declaração publicada na *Revista +972*, afirmando: "O pavor que os israelenses estão sentindo depois do ataque de hoje, inclusive eu, tem sido a experiência diária de milhões de palestinos há muito tempo[14]".

"A única solução", prosseguiu, "desde sempre, é encerrar ao apartheid, a ocupação e o cerco, construindo um futuro baseado na justiça e na igualdade para todos nós. Não é apesar do horror que temos que mudar de rumo – é exatamente por causa dele".

O israelense Noy Katzman, falando de seu irmão Chaim, morto pelo Hamas no recente ataque, declarou a Jake Tapper na CNN que "a coisa mais importante para mim e também para meu irmão é que sua morte não seja para matar pessoas inocentes. E, infelizmente, o meu governo está manipulando isso, com cinismo, apenas para matar[15]".

Alguns membros do sistema político de Israel estão operando para reprimir os israelenses que se opõem ao cerco a Gaza. O *Haaretz* relatou em 15 de outubro que "o ministro das Comunicações, Shlomo Karhi, está editando portarias para ordenar a polícia a prender civis, removê-los de suas casas ou apreender suas propriedades, caso acreditem que o suspeito tenha espalhado informações prejudiciais à moral nacional ou úteis à propaganda inimiga[16]".

E há alguns relatos que os israelenses que se opõem ao assassinato de civis palestinos enfrentam ameaças de violência física e ataque a tiros[17]. Estes não são sinais de um Estado de fato comprometido com a segurança de todos os judeus, muito menos dos 18% de cidadãos israelenses que são palestinos.

Entretanto, há um déficit de cobertura nos EUA sobre o que os palestinos enfrentam neste momento. A maioria dos meios de comunicação norte-americanos contam histórias de civis israelenses mortos, mas, de forma chocante, ainda dão muito pouco tempo de

---

14   Haggai Matar, *Gaza's shock attack has terrified Israelis. It should also unveil the context*, +972 Magazine, 07 de outubro de 2023.

15   Tweet de Avner Gvaryahu, 12 de outubro de 2023.

16   Avi Bar-Eli, Haaretz, *Likud Minister Formulates Emergency Regulations to Imprison Citizens Who 'Harm National Morale'*, 15 de outubro de 2023.

17   Tweet de Haggai Matar, 15 de outubro de 2023.

A violência de Israel jamais trará "segurança" às pessoas, incluindo os judeus

transmissão aos civis palestinos, mesmo quando Israel dita a guerra em uma escala que nunca vimos em nossas vidas.

Os palestinos em Gaza, na Cisjordânia e em todo o mundo têm denunciado amplamente esta atrocidade, por vezes colocando suas próprias vidas em enorme risco.

Tareq S. Hajjaj, jornalista palestino e correspondente na Faixa de Gaza do site de notícias, sem fins lucrativos com sede nos EUA, *Mondoweiss,* publicou uma reportagem da Faixa em 13 de outubro, depois de ser forçado a abandonar sua casa quando os militares israelenses ordenaram a evacuação do norte de Gaza.

"Escrevi muito sobre a Nakba de 1948 e entrevistei pessoas que deixaram suas casas e terras", escreveu Hajjaj. "Ouvi suas histórias e vi as lágrimas que derramavam sobre o que vivenciaram. Desta vez, testemunhei todas essas cenas. O que vi no meu trajeto só pode ser descrito como uma nova Nakba".

É o "período mais mortal para jornalistas em Gaza", com pelo menos 12 profissionais da imprensa mortos, conforme o Comitê de Proteção dos Jornalistas[18].

Com horror crescente, testemunhamos o que os palestinos enfrentam – a ameaça imediata de aniquilação. Portanto, devemos reconhecer que, mesmo quando falamos sobre como a realidade do projeto sionista moderno, liderado por um governo de direita, prejudica os judeus, ao oferecer uma falsa promessa de segurança e paz, nunca devemos ocultar que o grupo de pessoas mais visado por este sistema político são os palestinos. Foram eles que foram colonizados, deslocados e sitiados, mesmo antes de Israel lançar a sua implacável campanha de bombardeamentos e cortar a eletricidade, a alimentação e a água, numa faixa onde vivem 2 milhões de pessoas, a maioria das quais crianças.

São os palestinos que vivem sob ocupação militar na Cisjordânia e, como cidadãos de segunda classe em Israel, são colocados em detenções administrativas, expulsos das suas casas, enfrentando bombas de gás lacrimogêneo e armas de fogo pelo

---

18 Sherif Mansour, *12 Journalists, Mostly Palestinians in Gaza, Killed in "Deadliest Time for Journalists"*, Democracy Now, 16 de outubro de 2023.

Na Sombra do Holocausto

simples ato de protesto. Eles são forçados a navegar nas estruturas do apartheid, que os obriga a viajar por caminhos diferentes, sofrendo desapropriações sistemáticas.

Os palestinos são aqueles que foram exilados de suas casas durante gerações, aos quais foi negado o direito mais básico de retorno. E agora enfrentam uma campanha de extermínio.

Não existe segurança possível em uma sociedade baseada no militarismo etnonacionalista. A segurança só pode vir através da libertação coletiva, jogando a nossa dor na luta contra o genocídio palestino, o apartheid e a colonização, em defesa de uma sociedade baseada na justiça e na igualdade. Temos que confrontar a história brutal do sionismo e rejeitar, sem equívocos, a violência indescritível contra o povo palestino, levada a cabo em nosso nome.

O mapa de Gaza, na parte interna da capa do livro, assim como o mapa da Cisjordânia nas primeiras páginas, foram ambos extraídos da revista The Funbambulist, *Infrastractural and militarized cartography of Gaza,* 20 de julho de 2014 e *Learning with Palestine: Introduction and map by Léopold Lambert,* 16 de dezembro de 2019.

Publicado em meio ao genocídio de Gaza, este livro começou a ser distribuído no 17 de abril de 2024, dia internacional dos presos palestinos, data em que se celebra a soltura, pelos israelenses em 1971, do primeiro preso palestino, Mahmoud Bakr Hijazi.

[CC BY-NC-SA 4.0] Contrabando Editorial
Somente alguns direitos reservados. Esta obra possui a licença Creative Commons de "Atribuição + Uso não comercial + Compartilha igual"

Dados Internacionais de Catalogação na Publicação (CIP)
Elaborada porEliane de Freitas Leite - Bibliotecária - CRB 8/8415

Na sombra do holocausto: genocídio em Gaza. – 1 ed. – São Paulo: Contrabando Editorial, 2024.
Vários autores
ISBN 978-65-997188-4-7

1. Árabes palestinos - Palestina 2. Direitos humanos 3. Genocídio 4. Oriente Médio - Fronteiras - História 5. Palestina - Política e governo 6. Relações internacionais.

24-197976 CDD-327.101

Índices para catálogo sistemático:
1. Relações internacionais : Geopolítica : Política internacional 327.101

Contrabando Editorial
Rua Itapeva, 490, conjunto 38
Bexiga, São Paulo
Contrabando.xyz
@ContrabandoEditorial

Título	*Na sombra do Holocausto: Genocídio em Gaza*
Autores	Associação de Amparo aos Presos Políticos Palestinos (Addameer)
	Masha Gessen
	Shareen Akram-Boshar
	Brian Bean
	Soraya Misleh
	Gilberto Achcar
	Rashid Khalidi
	Daphna Thier
	Noura Erakat
	Darryl Li
	John Reynolds
	Lina Attalah
	Yuval Abraham
	Sarah Lazare
	Contrabandistas
Comitê Editorial	Carolina Alvim de Oliveira Freitas
	Irene Maestro Guimarães
	Sílvia Cezar Miskulin
Tradução	Sean Purdy
	Waldo Mermelstein
	Beatriz Cotton
	Matheus Forli
Edição	Márcia Camargos
Revisão	Juliana Silva Alves
Capa	Biana Fernandes
Editoração Eletrônica	Biana Fernandes
Publicação	Aldo Cordeiro Sauda

Nossos livros foram pensados para estimular ideias e ações. Por isso queremos convidá-la à construção de grupos de leitura contrabandistas. Montar um grupo de leitura é fácil. Basta juntar um círculo de amigos - na escola, no bairro ou no local de trabalho – e enviar um e-mail:

contato@contrabando.xyz

Conheça melhor nossos livros e autores

http://contrabando.xyz

Leia no Blog da Muamba opiniões, análises
e comentários sobre os livros

https://contrabando.xyz/blog/

Acompanhe notícias e debates

https://www.instagram.com/contrabandoeditorial/

Entre em contato com outros leitores

https://www.facebook.com/contrabandoeditorial

Fale direto conosco por WhatsApp

(11) 91069-3221

Síria depois do levante

A Síria ocupa o centro dos noticiários internacionais desde 2011, depois do início de um levante popular no país e sua violenta repressão. Dez anos depois, Joseph Daher analisa a resiliência do regime e os fracassos do levante, enquanto ao mesmo tempo observa os processos contrarrevolucionários que minaram a sublevação por dentro e por fora. Reconstruindo a dinâmica dos principais eventos históricos, Daher foca nos motivos por trás da transição de um levante pacífico a uma guerra destrutiva com diversos atores regionais e internacionais. Ele argumenta que outras perspectivas secundarizaram uma análise global das características econômicas, sociais e políticas do levante. Mostra também a impossibilidade de entender a sublevação síria sem uma perspectiva histórica baseada na tomada do poder por Hafez al-Assad em 1970.

A Questão Chinesa

A China de fato é uma sociedade complexa, e conectar-se às suas lutas sociais é bastante difícil para os estrangeiros. No entanto, esse volume destaca a comunhão de lutas em todo o mundo contra a exploração de classes, a hierarquia racial e étnica e a opressão de gênero. Embora esses movimentos tomem formas diferentes na China e nas Américas ou na Europa, eles estão simultaneamente ligados pelo sistema global do capitalismo. Toda a classe trabalhadora e os povos oprimidos podem e devem estar unidos na luta por uma expansão da democracia radical e na oposição à expropriação e exploração capitalistas. Nesse livro, veremos o heroísmo, os sucessos, assim como os fracassos das experiências da China.

Incêndio: trabalho e revolta no fim de linha brasileiro

Faz alguns anos que nos deparamos com tretas que interrompem os fluxos de avenidas e empresas, paralisam terminais de ônibus e aplicativos de entrega, tumultuam quebradas e escolas, sem adquirir contornos bem definidos. Tão explosivas quanto fugazes, elas escapam às formas que enquadraram o conflito social até o fim do século passado.

A multidão que tomou as ruas brasileiras de assalto em junho de 2013 não era, afinal, fruto do "trabalho de base" e do "acúmulo de forças" que estavam até então na ordem do dia da militância de esquerda. Para sondar como a revolta irrompeu — e pode voltar a irromper — do cotidiano massacrante de trabalho nas cidades, é indispensável trazer a investigação para o centro da preocupação política. Neste livro, reunimos alguns resultados provisórios da nossa investigação militante — para, quem sabe, encontrar outros navegantes inquietos à deriva.

O Novo Curso

O Novo Curso, de Leon Trotsky, desencadeou uma luta que marca a linha divisória na história do partido bolchevique. Depois de 1923 começa um período de agonia e declínio da revolução, se encerrando com a destruição das conquistas históricas de 1917. Uma vasta literatura de descrição, análise, exegese, apologia, crítica, elogio e condenação foi escrita para explicar esse segundo período, da ascensão do stalinismo. É surpreendente que somente agora, quase cem anos depois de escrita, essa obra de Trotsky seja publicada em português. No entanto, sem o mais atento estudo deste brilhante documento, é literalmente impossível atingir uma compreensão completa do que aconteceu na Rússia, de fato – e não é exagero dizer isso – do que aconteceu no mundo desde que foi escrito.